云南农民收入结构研究

YUNNAN NONMIN SHOURU JIEGOU YANJIU

李永前 著

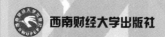西南财经大学出版社

图书在版编目(CIP)数据

云南农民收入结构研究/李永前著.—成都:西南财经大学出版社,2016.3
ISBN 978-7-5504-2326-8

Ⅰ.①云… Ⅱ.①李… Ⅲ.①农民收入—收入分配—研究—中国
Ⅳ.①F323.8

中国版本图书馆 CIP 数据核字(2016)第 039768 号

云南农民收入结构研究

李永前 著

责任编辑:孙婧
封面设计:墨创文化
责任印制:封俊川

出版发行	西南财经大学出版社(四川省成都市光华村街 55 号)
网　　址	http://www.bookcj.com
电子邮件	bookcj@foxmail.com
邮政编码	610074
电　　话	028 – 87353785　87352368
照　　排	四川胜翔数码印务设计有限公司
印　　刷	郫县犀浦印刷厂
成品尺寸	170mm × 240mm
印　　张	12.5
字　　数	230 千字
版　　次	2016 年 3 月第 1 版
印　　次	2016 年 3 月第 1 次印刷
书　　号	ISBN 978 – 7 – 5504 – 2326 – 8
定　　价	68.80 元

前　言

　　云南省地处祖国西南边疆，是一个以农业为主的高原山区省份，土地总面积为 3 940 万公顷（1 公顷 = 0.01 平方千米，全书同），高原、山地面积广大，占到了全省国土面积的 94%，丘陵、平坝地区仅占 6%。云南省农业、农村人口众多，2014 年年末全省总人口达 4 700 多万，农业户口人数的比重超过57%，农业劳动力占全省劳动力的 60% 以上，农民收入水平整体偏低，是一个经济欠发达的农业省。消除农村贫困、实现城乡协调发展是云南省委、省政府的长期目标，也是构建和谐社会的重要手段之一，更是社会主义新农村建设的重要内容。同时，云南省农村扶贫开发任务依然艰巨：农村贫困人口的绝对数仍然庞大；大多数贫困人口居住在自然条件恶劣且交通不便的深山区、石山区、高寒山区，消除贫困的难度大；已脱贫人口常因自然灾害和疾病等出现返贫现象；农村扶贫开发效率出现下降趋势，不同扶贫模式差异较大。因此，进一步深入开展云南农民收入结构调查研究，对于提高云南省精准扶贫、精准脱贫的扶贫开发效率和水平，实现既定发展目标具有重要的现实意义。近年来，伴随着农村经济的变化和发展，云南省的农民收入结构也呈现出多元化的发展趋势，因此，在研究农民收入问题时，对农民收入结构进行具体研究将更加具有针对性。

　　提高农民收入水平是全面建设小康社会的必然要求，是落实科学发展观的重要举措，是扩大农村市场需求、保持国民经济持续快速发展的促进力量，也是统筹城乡发展、构建和谐社会的战略选择。党的十六届五中全会提出要建设"生产发展、生活宽裕、乡风文明、村容整洁、管理民主"的社会主义新农村，最根本的就是要促使农民增加收入，让农民共享经济发展和现代化建设的成果，让"改革和发展的成果"惠及全体人民。历年来的中央一号文件都把提高农民收入放在重要位置，因而解决农民增收问题，事关大局。这既是当前紧迫而繁重的任务，也是今后长期而艰巨的任务；既是农村工作的基本目标，也是整个经济工作的重大课题；既是重大的经济问题，也是重大的政治问题。

从云南省农民收入构成角度来看，家庭经营收入和工资性收入始终是农民收入的主要构成部分，且这两项收入在农民家庭收入中所占的比重较为稳定。但是家庭经营收入和工资性收入在农民收入中的相对重要性发生了较大变化，家庭经营性收入的比重在逐渐降低，而工资性收入的比重在逐渐提高。家庭经营性收入在 1995 年时占农民纯收入的份额是 78.34%，到 2013 年下降到58.40%，2015 年保持在 55% 以上。而工资性收入呈现出完全相反的变化特征，在 1995 年时工资性收入占比 11.95%，但该一数字呈现出迅速上升的趋势，到2013 年时，该比例达到 31.1%，2015 年保持在 32.00% 以上。随着农民收入结构的变动，收入增长的来源也发生了本质性的变化，即农民收入的增长由过去主要依靠家庭经营性收入的增长逐步转变为主要依靠工资性收入等多种收入的增长。自此，农民收入问题的性质也发生了变化，即它不再是一个单纯的农业问题，也不仅仅是农民自身的问题，而是一个和农村经济发展、市场发育以及非农就业机会等相关联的问题。

本书从理论和专题调查研究两个方面探讨了云南农民收入结构的问题。理论部分归纳总结了有关农民收入的基础性理论；从云南农民收入结构现状入手，针对影响农民收入的因素，对扶贫开发提升农民收入情况进行分析；进而运用实证数据对云南农民收入结构进行了灰色关联度分析；最终提出云南农民收入结构优化，增加家庭经营性、工资性、财产性及转移性收入的实现途径。专题调查研究部分主要收录了笔者近五年来在云南省曲靖市、楚雄州、西双版纳州、怒江州等地农村基层对农户、合作社企业的调查资料，以及专题研究。

感谢课题组成员云南农业大学经济管理学院的田东林、金璟、起建凌、张毅、陈蕊等老师，以及学院研究生王姗姗、李冰、刘杉、张灵静、杨玲、查天舒、刘柳、张倩男、刘荣荣等同学。正是大家一起深入样本点开展实地调查，收集并分析资料，才形成了最终的成果。

最后，还要感谢西南财经大学出版社的大力支持和孙婧编辑的认真工作。此外，本书还引用了国内外大量参考文献及学术观点，在此一并表示感谢。

李永前

2015 年 12 月

目　录

I　理论篇

Ⅰ　理论篇

第一章 绪论

第一节 相关概念

一、农民

弗兰克·艾利思（Frank Ellis）在《农民经济学》（*Peasant Economics*）中认为，发展中国家的农民"是主要利用家庭成员的劳动从事生产并以此为经济来源的居民户，其特点是部分参与不成熟的投入要素和产出市场"，这个概念概括了发展中国家农民的特点。

在我国，按照国家统计局的统计标准，将农民界定为：农村人口中参加劳动并取得劳动报酬的劳动者，主要包括直接从事农、牧、副、林、渔的劳动者，还包括在乡镇企业、其他经济组织中参加各项生产活动的劳动者及外出务工或从事个体经营的农村劳动者。

我国法律上确认"农民"的唯一标准是户籍标准。1958 年 1 月《中华人民共和国户口管理条例》正式实施以后，我国形成了农村户口和城市户口"二元结构"的户籍管理体制。凡是具有城镇户口的居民就是城镇居民，凡是具有农村户口的居民就是农民。只要户籍不变，即便不从事农业，从事非农产业工作多年，仍然属"农民"。随着经济的发展、人们观念的转变，"农民"的概念、内涵也在发生变化。本书研究的农民是以户籍为标准定义的农民。

二、农民收入

"农民收入"是一个比较宽泛的概念，是衡量农民收入水平和生活状况的重要指标。萨缪尔森指出，收入是一个人或家庭（Household）在一个特定时期（通常是一年）所挣得的款项（Receipts）或现金。《新帕尔格雷夫经济学大辞典》定义为：收入是人们来自土地、劳动和投资等的所得。

根据国家统计局的统计口径，农民收入指农民从各种渠道和来源所获得的报酬或支付，是指农民一年中各项所得扣除了生产费用、国家税收以及集体提留和统筹后所余部分。按照收入的内容划分，农民收入可分为总收入和纯收入。

总收入是指农村住户成员从各种渠道得到的收入总和，总收入的范围较广，既包括现金收入，也包括实物折价收入；既包括生产性收入，也包括非生产性收入。

纯收入指农村常住居民家庭总收入中，扣除从事农业生产和非生产经营所发生的费用后剩余的收入之和，"农民人均纯收入"是按人口平均的纯收入水平，反映的是一个地区或一个农民的平均收入水平。其计算方法是：纯收入＝总收入-家庭经营费用支出-税费支出-生产性固定资产折旧-调查补贴-赠送农村外部亲友支出。纯收入是衡量农民收入的一个科学指标，书中涉及农民收入这一概念时，将其界定为纯收入。

三、农民收入结构

从农民收入来源构成来看，农民收入可划分为家庭经营收入、工资性收入、财产性收入和转移性收入等。①家庭经营收入：是指农村住户以家庭为生产经营单位进行生产筹划和管理而获得的收入。②工资性收入：又叫劳动报酬收入，是指农村住户成员受雇于单位或个人，靠出卖劳动而获得的收入。③财产性收入：是指金融资产或有形非生产性资产的所有者向其他机构单位提供资金或将有形非生产性资产供其支配，作为回报而从中获得的收入。④转移性收入：是指农村住户和住户成员无须付出任何对应物而获得的货物服务、资金或财产所有权等，不包括无偿提供的用于固定资本形成的资金。一般情况下，它是指农村住户在二次分配中的所有收入。

从农民收入的产业构成来看，农民收入包括第一产业收入、第二产业收入和第三产业收入。①第一产业收入包括种植业收入、林业收入、畜牧业收入和渔业收入。②第二产业收入包括工业收入、建筑业收入。③第三产业收入包括交通、运输、邮电业收入，批零贸易业、饮食业收入，社会服务业收入，文教卫生业收入，其他行业收入。

从农民收入的地区构成来看，云南省农民收入的地区构成按 16 个州（市）划分：玉溪、昆明、西双版纳、曲靖、红河、大理、楚雄、保山、普洱、丽江、德宏、迪庆、临沧、文山、昭通、怒江。

从农民收入的性质构成来看，农民纯收入可分为生产性纯收入和非生产性纯收入。①生产性纯收入为家庭全年总收入中扣除其他非借贷性收入、家庭经营费用、向国家缴纳税金、上交村组集体的现金等的余额。②纯收入扣除生产性纯收入即为非生产性纯收入。

从农民收入的形式构成来看，农民收入包括现金收入和实物收入。①现金收入指农民得到的以现金形式表现的收入总和。②实物收入指农民当年生产的各种农产品总量扣除售出部分，按一定价格计算得到的总收入。

书中所涉及的农民收入结构中的相关概念和数据均以中国统计出版社出版的《统计年鉴》为准。

第二节　理论基础

一、二元经济结构理论

美国经济学家、诺贝尔经济学奖获得者 W. 刘易斯（1954）集中地研究了二元经济结构问题，提出了工业化带动理论。刘易斯认为发展中国家存在现代部门和传统部门两大经济部门。现代部门采用规模化的机器生产，生产效率高，收入水平较高；而传统部门采用手工劳动，从业人员多，生产效率低，因此收入水平也较低。刘易斯还认为当城市与农村的收入水平之间的差距不断加大的时候，农业生产中隐藏的失业人口将逐渐转移到城市工业生产领域，而城市工业由于获得了大量的廉价劳动力而扩大其生产规模，实力进一步壮大，继而经济的发展即进入了社会发展的第二个阶段——社会经济结构由二元的体制结构趋向于一元的体制结构，这时的城市与农村差别逐渐缩小。二元经济发展的核心问题，是传统部门的剩余劳动力向现代工业部门和其他部门转移，只有改造传统的农业部门，转移剩余劳动力，才能实现二元经济的协调发展，推动和促进传统农业部门从不发达部门转变为发达部门。

二、产业结构变动理论

20 世纪 40 年代，克拉克（1940）提出，随着社会经济的发展和人均国民收入的提高，劳动力在三次产业分布的结构变化有其一般趋势：随着产业重心由农业向第二产业转移，劳动力也会从第一产业转移至第二产业。即国民经济发展可分为三个阶段：在第一阶段，人们主要从事农业劳动，但生产效率较低，农民的人均收入也比较低；在第二阶段，工业的劳动生产率大幅提高，人均收入高，引起劳动力从农业向工业转移，人均国民收入提高；在第三阶段，由于第三产业的迅猛发展，该产业人均收入高，劳动力就会由第一、二产业向第三产业转移。这就是著名的"克拉克定律"。

三、灰色系统理论

灰色系统理论由华中科技大学的邓聚龙教授在 1982 年提出，是一种研究少数据、贫信息不确定性问题的新方法。灰色系统理论以"部分信息已知，部分信息未知"的"小样本""贫信息"不确定性系统为研究对象，主要通过对"部分"已知信息的生成、开发，提取有价值的信息，实现对系统运行行为、演化规律的正确描述和有效监控。灰色系统理论认为，第一，系统是否会出现信息不完全的情况，取决于认识的层次、信息的层次和决策的层次的高低，低层次系统的不确定量是相对的高层次系统的确定量，要充分利用已知的信息去揭示系统的规律；第二，应从事物的内部，从系统内部结构和参数去研究系统；第三，社会、经济等系统，一般不存在随机因素的干扰，这给系统分析带来了很大困难，但灰色系统理论把随机量看作在一定范围内变化的灰色量，尽管存在着无规则的干扰成分，经过一定的技术处理总能发现它的规律性；第四，灰色系统用灰色数、灰色方程、灰色矩阵、灰色群等来描述，突破了原有方法的局限，更深刻地反映了事物的本质；第五，用灰色系统理论研究社会经济系统的意义，在于一反过去那种纯粹定性描述的方法，把问题具体化、量化，从变化规律不明显的情况中找出规律，并通过规律去分析事物的变化和发展。

第二章　云南农民收入状况

第一节　农民收入的总体性现状与阶段性变化

一、农民收入的总体性现状

云南省是一个经济欠发达的省份，农民人均纯收入也低于全国平均水平。图 2-1 反映了云南省农民人均纯收入与国家平均水平相比的差距。从图 2-1 中可以看出，云南省农民人均纯收入的绝对量与国家平均水平差距越来越大，由 1995 年的 566.77 元拉大到 2010 年的 2 255 元，增长了近 4 倍。云南农民人均纯收入与全国平均水平的比例基本维持在 1∶1.47。相对差距从总体上看基本稳定，但也有进一步拉大的趋势，2010 年达到 47%。而云南省"十二五"期间，在农民人均纯收入基数较低的情况下，增长幅度却高于全国平均水平，具体如图 2-2 所示。

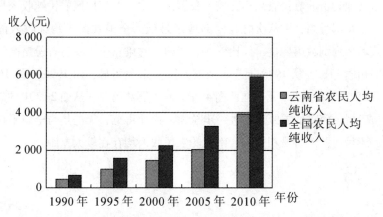

图 2-1　1990—2011 年云南省农民人均纯收入与全国平均水平对比①

---

① 资料来源：《中国统计年鉴》（1990—2010 年）。

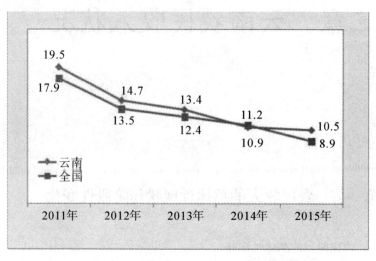

图 2-2 "十二五"期间云南与全国农民人均纯收入增幅①

云南"十二五"期间农民收入增幅高于全国"十二五"期间平均水平。云南省农民人均纯收入年均增幅达 13.7%，比全国年均 12.7%高 1.0 个百分点。五年中有四年云南省农民收入增幅高于全国平均水平：2011 年增 19.5%，比全国 17.9%高 1.6 个百分点；2012 年增 14.7%，比全国 13.5%高 1.2 个百分点；2013 年增 13.4%比全国 12.4%高 1 个百分点；2015 年增 10.5%，比全国 8.9%高 1.6 个百分点。

与其他省份的农民收入相比较，我国东、中、西部地区农民纯收入呈阶梯状分布：东部最高，中部次之，西部地区最低。全国农民人均纯收入的排名中，云南名列倒数第四位，仅比青海、贵州、甘肃三个欠发达省份略高。与相邻的四川省相比，从 1995 年开始两省差距愈来愈明显，由 1990 年的 16.9 元拉大到 2010 年的 1 407 元，在西南 4 省中位于倒数第二，从图 2-3 中的态势来看，与四川、西藏的差距还在进一步拉大。由此可见，无论是与全国平均水平相比，还是与西南省份相比，云南省的农民收入均存在较大差距。

① 资料来源：云南网（www.yunnan.cn）。

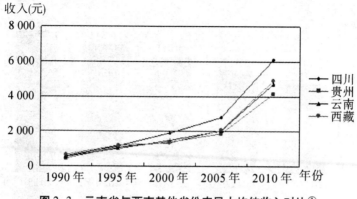

收入(元)

图2-3　云南省与西南其他省份农民人均纯收入对比①

二、农民收入的阶段性变化

改革开放30余年来，云南省农村经济进入了一个良性发展的时期。农民人均纯收入无论是当年的绝对数还是每年的增长率都呈现出持续增长的态势。总体来看，1978年云南省农民人均纯收入只有130.6元，2010年上升为3952元，名义增长近30.26倍。具体来说，云南省农民收入增长在不同经济发展时期呈现出明显的阶段性特征。从图2-4及图2-5来看，云南省农民收入呈现出阶段性变化特征，按照收入增长率和收入主导因素的变化，1978—2015年的37年间，云南省农民收入增长可划分为六个阶段。

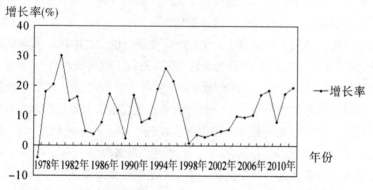

增长率(%)

图2-4　1978—2010年云南省农民人均纯收入增长率变动趋势②

---

①　资料来源：《中国统计年鉴》（1990—2010年）。
②　资料来源：《云南省统计年鉴》（1978—2010年）。

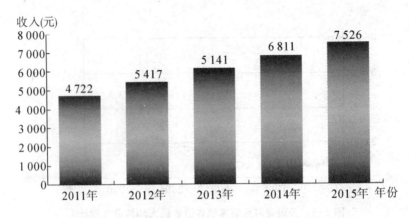

图 2-5 "十二五"期间云南省农民人均纯收入情况①

第一阶段（1978—1990 年），收入徘徊增长阶段。该阶段，农民收入从 1978 年的 130.6 元增加到 1991 年的 310.4 元，年均增长率达到 12.04%。

这一阶段，云南省农业发展是在探索中发展，前后经历了高速发展阶段和缓慢发展阶段。随着 1978 年农村经济体制的改革，全国范围开始实行家庭联产承包责任制，取消人民公社、"吃大锅饭，平均分配"，设立农村村民自治组织等制度，极大地调动了农民发展农业生产的积极性，使农业生产超速发展，农业总产值年均增长 15.5%。除此之外非农产业也得到快速发展，加之，国家提高农产品价格，从而使农民收入大幅度提高。后期由于改革的方向发生倾斜，从农村转向了城市，虽然提高了农副产品的价格，但农业生产资料价格的增长高于前者，致使农民收入增长缓慢。

第二阶段（1991—1995 年），收入持续增长阶段。该阶段，云南省农民人均纯收入从 1991 年的 572.58 元增长到 1 011 元，年均增长率为 15.27%。

该阶段，在经历了前一时期的探索发展后，对农业发展有了较成熟的经验，农业总产值年均增长率为 15.6%，农业产量有了大幅增长，加之政府对农业的重视，加强对农业的投入，云南省农民收入有了明显的增加。在此期间，随着粮食的稳步增加，进一步解决了农民增产不增收的问题。特别是从 1993 年开始，农村改革进入了一个向社会主义市场经济体制全面转轨的时期。云南省基础设施状况得到改善，农业连年丰收，国家于 1994 年和 1996 年两次对粮食提价，总提价幅度为 82%，大幅提高了农产品收购价格，工农产品"剪刀差"逐步缩小；对乡镇企业实施了以产业结构调整和产品结构调整为主的结

---

① 资料来源：云南网（www.yunnan.cn）。

构性调整，加上技术进步的不断加快，农村非农产业得到快速发展，乡镇企业逐步走出低谷，进入高速发展阶段。这个时期乡镇企业的进一步发展对该阶段农民收入的增长发挥了重要的作用。

第三阶段（1996—2000 年），收入缓慢增长阶段。这一阶段，云南省农民人均纯收入从 1996 年的 1 299.3 元增长到 2000 年的 1 478.6 元，年均增长率为 4.06%。

虽然 1995 年云南省农民人均纯收入首次突破 1 000 元大关，达 1 011 元，但这一时期是我国改革的关键转型期。从全国范围来看，农村经济深层次矛盾和问题显现，尽管农产品总量增加，但大多数农产品质量不高，市场价格低，出现结构性过剩，同时受东南亚金融危机的影响，整体宏观经济发展受阻，乡镇企业效益下降，发展趋缓，下岗职工增多，市场疲软，消费不振，这阻碍了农村劳动力就业和转移，制约了农民收入的增长。此外，1998 年，由于国家实行"两烟双控"政策，云南省烟草的种植面积和收购量均受到影响，作为烟草大省来说，这直接导致农民来自第一产业的收入急剧减少。这是导致该时期农民收入增幅缓慢的主要原因。

第四阶段（2001—2005 年），收入回升增长阶段。这一阶段，云南农民人均纯收入从 2001 年的 1 533.7 元增加到 2005 年的 2 041.8 元，平均年增长率为 7.42%。

这一阶段，政府采取了一系列的支农惠农政策，加大农业投入力度；同时减轻农民负担，减免农业税，改善农民增收环境，农民收入逐步回升。

第五阶段（2006—2010 年），加速增长阶段。这一阶段，云南农民人均纯收入从 2006 年的 2 250.5 元增长到 2010 年的 3 952 元，平均年增长率为 15.12%。

第六阶段（2011—2015 年），稳定快速增长阶段。这一阶段，云南农民人均纯收入从 2011 年的 4 722 元增长到 2015 年的 7 526 元，平均年增长率为 11.88%。

该时期农村改革开始全面实行。2006 年我国全面取消了农业税，结束了长达 2 600 多年的种地交税的历史，极大地减轻了农民的负担。2009 年受金融危机影响农民收入增速减缓，2010 年则增长迅速。而"十二五"期间，云南农民收入则保持了稳定的快速增长。此外，该时期农村还实行了社会主义新农村建设和以乡镇机构改革、农村义务教育改革以及县乡财政管理体制改革为主要内容的农村综合改革，制定了"以工促农、以城带乡"的发展战略，并实施了一系列的支农惠农政策。同时随着云南省农业结构调整的推进，蔬菜、花卉、畜牧等新兴特色产业快速发展，农村非农产业快速发展，农民非农收入显著提高。这些因素是该时期农民收入恢复增长，并保持稳定增长的主要原因所在。

第二节　云南农民收入的来源结构

农民人均纯收入按照来源划分为工资性收入、家庭经营性收入、财产性收入和转移性收入四个部分。表 2-1 和图 2-6 到图 2-8 是近 20 年来，云南省农民收入来源的分布及变动趋势。

表 2-1　　　　　　1995—2010 年云南省农民收入来源结构表[①]　　　单位：元，%

年份	农民人均收入	工资性收入		家庭经营性收入		财产性收入		转移性收入	
		数额	比重	数额	比重	数额	比重	数额	比重
1995	1 010.97	120.84	11.95	792.04	78.34	57	5.64	41.09	4.06
1996	1 229.28	139.22	11.33	957.51	77.89	64.93	5.28	67.63	5.50
1997	1 375.5	177.97	12.94	1 091.3	79.34	22.51	1.64	83.74	6.09
1998	1 387.25	194.79	14.04	1 054.7	76.03	36.34	2.62	101.46	7.31
1999	1 437.63	215.26	14.97	1 119.16	77.85	26.03	1.81	77.17	5.37
2000	1 478.6	263.58	17.83	1 115.68	75.46	47.94	3.24	51.4	3.48
2001	1 533.74	283.36	18.48	1 137.63	74.17	59.35	3.87	53.4	3.48
2002	1 608.64	286.17	17.79	1 193.26	74.18	60.43	3.76	68.79	4.28
2003	1 697.12	318.22	18.75	1 242.7	73.22	67.21	3.96	69.04	4.07
2004	1 864.19	325.86	17.48	1 386.6	74.38	71.76	3.85	79.96	4.29
2005	2 041.79	348.31	17.06	1 530.1	74.94	75.52	3.70	87.84	4.30
2006	2 250.46	441.81	19.63	1 631.6	72.50	82.19	3.65	94.85	4.21
2007	2 634.09	521.63	19.80	1 910.6	72.54	86.41	3.28	115.87	4.39
2008	3 102.60	617.47	19.90	2 156.8	69.51	109.83	3.53	218.5	7.04
2009	3 369	685	20.33	2 279	67.64	128	3.79	278	8.25
2010	3 952	930	23.53	2 510	63.51	177	4.47	335	8.47

[①]　资料来源：《云南省统计年鉴》（1995—2010 年）。

从收入来源看，家庭经营性收入一直是农户收入的最主要来源，所占比例最大，1995—2007年各年其比重均在70%以上，其中家庭经营性收入所占比重在1997年达到最大，但从整体来看，1995年到2010年其比重呈现震荡走低的趋势，但最低也超过60%。工资性收入增幅明显，从1995年的人均120.84元增加到2010年的人均930元，增幅达到669%，成为带动农民增收的重要生力军，在收入结构中的比重也逐年递增，2009年首次突破20%。转移性收入整体呈现逐年上升趋势，但增幅不明显，财产性收入不仅比重小，更有小幅下降趋势，二者对农民增收的作用不大。

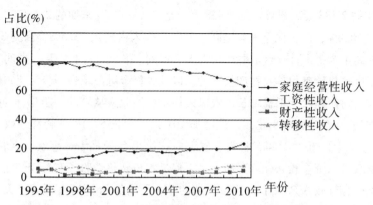

图2-6 1995—2010年云南省农民收入来源所占比重变动趋势图①

而"十二五"期间（2011年—2015年），云南省农民人均纯收入来源构成方面有了较明确的变化，详细情况如图2-7所示。

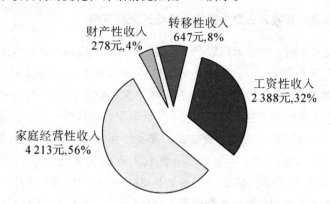

图2-7 "十二五"期间云南省农民人均纯收入结构②

---

① 资料来源：《云南省统计年鉴》（1995—2010年）。
② 资料来源：云南网（www.yunnan.cn）。

农民人均家庭经营性纯收入从"十一五"末期的 2 510 元增加到 2015 年的 4 213 元，累计增加 1 703 元，年均增长 10.9%，其所占比重一直保持在 55% 以上。"十二五"期间我省家庭经营性纯收入增长对纯收入增长的贡献率达 47.6%，拉动纯收入年均增幅 6.5 个百分点。云南省农民工资性收入快速增长，占比大幅提高。"十二五"期间，全省城乡统筹、农民工市民化以及农村产业及劳动力地域转移力度不断加大，农民收入结构显著优化。"十二五"期间云南省农民工资性收入增长对纯收入增长的贡献率达 40.8%，拉动纯收入年均增幅 5.6 个百分点。农民人均工资性收入从"十一五"末期的 930 元增加到 2015 年的 2 388 元，累计增加 1 458 元，是"十一五"末期的 2.6 倍，年均增速达到 20.8%，所占比重大幅提高，工资性收入占比由 23.5% 提高到 31.7%，累计提高了 8.2 个百分点。财产性收入增加到 278 元。"十二五"期间云南省林权制度、耕地确权等农村产权制度，以及农村金融改革进一步深化，促进了全省农民财产性收入平稳增长。农民人均财产性收入从"十一五"末期的 177 元增加到 2015 年的 278 元，累计增加 101 元，增长 57.1%。转移性收入增至 647 元。"十二五"期间，省委、省政府连续出台的强农、惠农、富农政策，以及财政支农资金投入强度不断加大，促进农民转移性收入实现较快增长。农民人均转移性收入从"十一五"末期的 335 元增加到 2015 年的 647 元，年均增速达到 14.1%，是"十一五"末期的 1.9 倍，所占比重保持在 8.0% 左右。

根据云南省农民收入系列图表所示，并结合实际调查情况，可以得出如下分析结果。

一、家庭经营收入占据主要地位但提升空间有限

从绝对数来看，随着家庭联产承包制度的展开，农民家庭经营规模不断扩大，农民家庭经营收入一直保持上升趋势。如表 2-1 所示，从 1995 年的 792.04 元到 2010 年的 2 510 元，上升了 3 倍多，在农民收入结构中所占比重也较大，占人均纯收入的三分之二以上，证明家庭经营性收入是云南省农民收入最主要的组成部分。从相对数来看，家庭经营性收入比重总体波动幅度较小，且呈下降趋势。1997 年家庭经营性收入在农民人均纯收入中的比重为 79.34%，2010 年下降至 63.51%，特别是 2008 年到 2010 年，云南农民人均从家庭经营劳动中得到的纯收入分别为 2 156.8 元、2 279 元、2 510 元，比上年同期分别增加 246.62 元、122.2 元、231 元，分别占当年农民人均纯收入的 69.51%、67.64%、63.51%，比重的下降幅度尤其明显。如图 2-7 所示，到了"十二五"末期，家庭经营劳动中的纯收入为 4 213 元，占当年农民人均纯收

入的 56%。

随着改革的深入进行，农民收入渠道逐步拓展，家庭经营性收入在农民收入中的比重虽然呈小幅下降趋势，相对于农民收入的其他组成部分而言，家庭经营性收入的提高潜力和空间较为有限，但 56% 这一数字仍然说明家庭经营性收入对云南省农民收入的重要性。家庭经营性收入目前仍是现阶段云南省农民收入来源的主要形式。

二、工资性收入份额逐年增加并成为纯收入的重要来源

工资性收入变动趋势刚好与家庭经营性收入相反，其份额逐年增加，工资性收入在云南省农民纯收入中的地位越来越重要了。改革开放初期，农民的劳动报酬性收入主要是从集体生产队的生产经营中获得，是农民收入的主要来源。随着体制改革的深化，如表 2-1 及图 2-6 所示，从 1995 年起，工资性收入占纯收入的份额开始增大，从 11.95% 增长到 2010 年的 23.53%，增加了将近 12 个百分点。到 2010 年，云南省农民人均纯收入达到 930 元，在前几年持续增长的基础上仍保持了相对较高的增长速度，比 2009 年同期增加 245 元，增长率达 35.77%。而"十二五"期间，2015 年云南省农民人均收入中工资性收入达到 2 388 元，年均增长 31.3%，工资性收入对农民收入增加的拉动作用越来越明显，并逐渐成为云南省农民收入增长的重要来源。

表 2-2　　　　　　2006—2010 年工资性收入的构成[①]　　　　单位：元,%

年份	非企业组织中的劳动收入		本乡地域内的劳动收入		在企业中的劳动收入		外出从业收入	
	数额	比重	数额	比重	数额	比重	数额	比重
2006	75	16.97	287	64.93	52	11.76	80	18.10
2007	77	14.75	356	68.02	55	10.54	88	16.86
2008	88	14.26	409	66.29	48	7.78	121	19.61
2009	92	13.43	453	66.13	60	8.76	140	20.44
2010	106	11.40	594	63.87	85	9.14	230	24.73

从工资性收入来源看，农民在本乡地域内的劳动收入维持在工资性收入的六成以上，并呈现逐年递减的趋势；与此相反，云南省农民外出从业的收入一直处于不断上升的趋势，特别是 2010 年，所占比重为 24.73%，5 年内增加了 6 个百分点，外出从业收入已成为工资性收入第二大来源。

---

① 资料来源：《云南省统计年鉴》（2006—2010 年）。

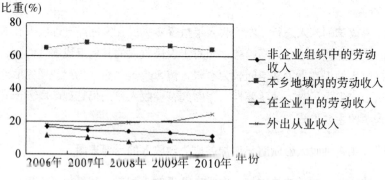

图2-8　2006—2010年工资性收入构成趋势图①

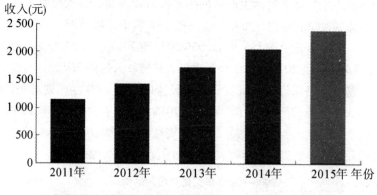

图2-9　"十二五"期间云南省农民人均工资性收入②

三、财产性和转移性收入比重小，拉动作用甚微

转移性和财产性收入，虽略有增长，但所占份额仍旧较小。其中，如表2-1所示，财产性收入从总体来说虽有小幅波动，但份额较稳定，而转移性收入在15年的时间，上升了近5个百分点，1995年两部分收入总和为98.09元，在农民收入中所占比例为9.7%，到2010年两部分收入之和达到512元，在农民收入中所占份额为12.94%。在"十二五"期间，2015年云南农民人均收入中财产性收入为278元，转移性收入为647元，两部分合计925元，比"十一五"末期增加413元，在农民收入中所占份额为12%，比2010年所占份额有所下降。总体上，财产性和转移性收入在农民收入构成中相对来说变动很小，

---

① 资料来源：《云南省统计年鉴》（2006—2010年）。

② 资料来源：云南网（www.yunnan.cn）。

绝对量也仅是小幅度增加。由于它们占农民纯收入的比重较低，对农民纯收入增长的贡献率较小，目前来说，只能是一种重要的补充，这在一定程度上反映出农村的金融市场不成熟、土地流转制度不合理、社会保障工作不到位等。然而，如果能在这两方面做足文章，对于农民收入的提高仍然能起到不小的作用。

第三节　云南农民收入的产业结构

从产业结构划分，即第一产业收入和第二、三产业收入。从表2-3可以看出，三大产业的内部结构也发生了一些变化。

表2-3　　2006—2010年云南省农民家庭经营纯收入的产业构成①　　　单位:%

年份	第一产业		第二产业		第三产业	
	数额	比重	数额	比重	数额	比重
2006	1 476	90.44	26	1.59	130	7.97
2007	1 753	91.78	31	1.62	126	6.6
2008	1 975	91.56	36	1.67	145	6.77
2009	2 084	91.44	35	1.54	159	7.02
2010	2 295	91.43	47	1.87	168	6.7

一、第一产业收入

第一产业一直以来都是云南省农民收入的主导力量，从近5年的数据来看更是这样，其占农民家庭经营性收入的比重均超过90%。随着近年来第一产业内部结构的进一步调整和规模化生产的进一步推进，特别是农产品价格的上涨，第一产业收入成为云南省农民增收的主要力量，亦是家庭经营性收入的最重要来源。

在第一产业中，又可分为种植业、林业、牧业、渔业。其中种植业收入无疑是云南省农民收入中的最主要来源，占家庭经营性收入的比例平均为63.9%，但与全国平均水平不同的是，种植业收入的比重虽然大，但其绝对量并不高。牧业、林业约占30%，所占份额大小依次为牧业、林业、渔业（仅占1%左右，图2-10中忽略不计）。而在下文的论述中也主要依据这些数据，以种植业收入为主要研究点。

---

① 资料来源:《云南省统计年鉴》(2006—2010年)。

图 2-10　2006—2010 年云南省农民第一产业收入结构①

二、第二、三产业收入

近五年来，第二、三产业的收入的绝对值从 2006 年的 156 元增加到 2010 年的 215 元，占农民人均家庭经营性收入的比重由 2006 年的 9.56% 下降到 2010 年的 8.57%，有小幅度下降的趋势。其中，第二产业纯收入包括工业收入、建筑业收入，在家庭经营纯收入中的占比仅为 2%，但 5 年的平均增长率高达 16.7%，特别是近两年，增长尤其明显。如图 2-11 所示，农村第二产业收入加速增长，其中的建筑业收入为主要收入来源，占第二产业收入六成以上，工业收入其次。第三产业纯收入占家庭经营纯收入的份额有递减的趋势，由 7.97% 减至 6.69%。批零贸易、饮食业收入虽然有下降的趋势但仍是第三产

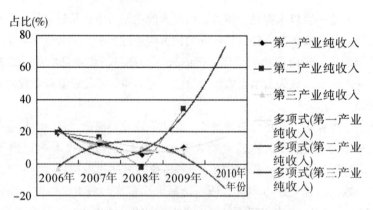

图 2-11　三大产业收入增长趋势图②

---

①　资料来源：《云南省统计年鉴》（2006—2010 年）。
②　资料来源：《云南省统计年鉴》（2006—2010 年）。

业中的主要收入来源，占 40% 以上。交通、运输、邮电业收入比重逐渐上升，其重要性日益突显。

从目前来看，第一产业收入特别是种植业收入依然是家庭经营性收入的主要部分，随着农业科学技术的改进，生产水平的提高，再加上近年来国家通过减免农业税，增加各种涉农补贴，调动了农民经营农林牧渔业的积极性，第一产业年平均增长率达 11.76%。而家庭经营性收入中来自第二、三产业的总体比重却较低，第二产业虽然份额较小，但从近年的增长率来看，增速明显，工业、建筑业发展势头强劲，而第三产业虽然比第二产业的份额略高，却一直处于下降趋势，反映出云南农村的交通、运输、邮电业，批零贸易、饮食业，社会服务业，文教卫生业等行业发展水平较低，以乡镇企业为代表的农村工业在整个农村产业结构中还处于劣势，发展具有很大的波动性，效益不稳定，但同时也预示着农村第二、三产业还具有很大的发展潜力。

第四节　云南农民收入的其他结构

一、农民收入的地区结构

由于地理区位、自然条件和社会经济条件的不同，云南省各地区农民收入存在显著差异。2010 年全省农民人均纯收入为 3 952 元，滇中地区收入相对较高，其中最高的为昆明市，农民人均纯收入为 5 810.25 元，最低的是怒江，农民人均纯收入为 2 005.28 元，昆明市农民人均纯收入是怒江的近 3 倍。在 16 个州（市）中，农民人均纯收入高于全省平均水平的仅有玉溪、昆明、西双版纳、曲靖这 4 个州（市），低于全省平均水平的依次有红河、大理、楚雄、保山、普洱、丽江、德宏、迪庆、临沧、文山、昭通、怒江。表 2-4 中近 5 年的数据显示，省内地区间农民收入差距扩大，靠近中心区的州（市），经济实力强，社会发育程度高，农民人均纯收入也相对较高；反之，亦反。云南省农民人均纯收入形成以昆明和玉溪为中心区按空间距离呈放射状递减的局面，且落差特别大。由此可见，云南省不同州（市）的地区收入差距明显，地区间农民收入结构不合理。

表 2-4　　　　2006—2010 年云南省 16 州（市）农民人均纯收入①　　　　单位：元

州市	2006 年	2007 年	2008 年	2009 年	2010 年
昆明	3 520	4 004	4 610	5 080	5 810
玉溪	3 534	4 008	4 761	5 119	5 747
西双版纳	2 413	2 727	3 213	3 750	4 354
曲靖	2 296	2 666	3 166	3 666	4 130
红河	2 210	2 510	3 050	3 263	3 922
大理	2 431	2 677	3 078	3 483	3 902
楚雄	2 385	2 737	3 110	3 511	3 896
保山	2 052	2 365	2 717	3 120	3 627
普洱	1 753	2 155	2 536	2 954	3 456
丽江	1 610	1 922	2 374	2 845	3 410
德宏	1 687	2 046	2 439	2 831	3 368
迪庆	1 614	1 866	2 595	2 936	3 347
临沧	1 488	2 001	2 363	2 730	3 279
文山	1 487	1 704	2 027	2 379	2 806
昭通	1 456	1 704	2 102	2 445	2 768
怒江	1 097	1 232	1 448	1 708	2 005

二、农民收入的性质结构

根据纯收入的性质构成划分，农民纯收入包括生产性纯收入和非生产性纯收入。从历年数据来看，生产性纯收入在农民人均纯收入中的份额一直都稳定在 90% 以上，而非生产性纯收入比重较小，一直保持在 10% 以内，变化不显著。由此可见，来自集体经营、家庭经营等的生产性收入是农民纯收入中的重要组成部分。

其中，生产性纯收入可以分为农业生产性纯收入和非农业生产性纯收入。2010 年农业生产性收入占比 56.6%，而 2000 年该项收入占到 70.52%，可见非农业生产活动收入增速很快，幅度也较大。说明随着市场化程度的日益加

---

① 资料来源：《云南省统计年鉴》（2006—2010 年）。

深，云南省的农村产业结构受到了越来越大的影响，农民收入构成发生了变化，逐渐由以农业为主转向为农业和非农业产业共同发展。

三、农民收入的形式结构

农民收入从形式上可以划分为货币收入和实物收入。从图 2-12 看，随着云南省农民人均纯收入的增加，农民货币收入比重逐年上升，相反，实物收入比重逐年下滑。到 2007 年，云南省农民的货币收入比重就已达到了 75% 以上，实物收入份额下降到 25% 以内。由此可见，云南省农民收入的形式结构较稳定，货币收入份额有持续增加的态势，而收入的形式结构在一定程度上能反映出农民经济活动的商品化程度，这表明省内农民在经济活动中的市场参与度正逐步提高。

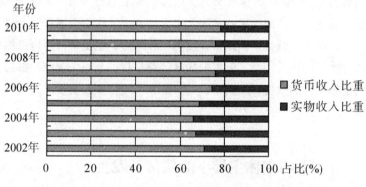

图 2-12　2002—2010 云南省农民人均纯收入形式结构①

通过上述分析，可以得出以下几个结论：第一，种植业收入仍然是云南省农民收入的最主要来源，应加大力度保证这一收入的稳定增长；第二，第二产业收入所占份额虽然不大，但增长率较高，持续增长的势头明显，应加大对第二产业的投入力度；第三，本地务工收入比重大，说明乡镇企业对于吸收当地农村剩余劳动力具有一定的作用；第四，转移性收入份额小幅增加，证明国家的相关社会保障等政策初见成效，但力度和辐射面不够，财产性收入变动不大，说明土地流转制度、农村金融等方面具有一定阻碍；第五，云南省各州市的农民收入差异大，贫富差距明显。

---

① 资料来源：《云南统计年鉴》（2002—2010 年）。

第三章 云南扶贫开发提升农民收入情况分析

云南省经过近 30 年的扶贫努力，通过因地制宜地采用不同的扶贫方式，取得了显著的成绩，贫困地区的贫困人口大幅减少。作为全国贫困人口省份之一，云南省扶贫开发既是全国扶贫开发的一种缩影，也是结合当地自然条件和实际生产、生活的一种创新，云南的扶贫经验是我国及整个亚洲的财富。以下将就不同主导主体的扶贫、不同手段的扶贫和一些特殊扶贫情况进行陈述、分析和总结。

第一节 不同主体主导下的扶贫开发

关于扶贫理论，罗伯特·伍思努提出的国家、市场和非营利组织的三部门模式指出，国家的主要特点是强制性和权力，市场主要以非强制的原则来运作，非营利组织主要依靠志愿者部门工作，志愿者部门主要以志愿主义的原则来运作。不同的扶贫主体，其扶贫的初衷不同、资金渠道不同，采用的模式也有差别。

一、以政府为主体的扶贫开发

我国的扶贫体制决定了我国政府主导、社会参与、开发扶贫和全面协调发展的扶贫方式。这种以政府为主导的、组织型、管理型的扶贫机制，在扶贫开发中体现出独特的优势：①有利于从宏观上把握和调整扶贫开发的力度、项目、规模和布局，有利于扶贫工作和整个经济工作的协调；②依托行政隶属关系建立的层级负责制度，将区域经济发展和脱贫致富目标强化为具体而持久的行政领导行为；③有利于保证扶贫开发的力度；依靠政府强大的资源动员能力，将行政管理体制和众多的企事业单位、组织、党政机关、东部沿海发达省、直辖市以及非政府组织和国际组织联合起来，共同参与扶贫计划；政府具有制度创新后的组织推广能力，政府扶贫具有全局性和政策性等。近三十年我国政府充分发挥其在扶贫工作中的作用，经过努力探索，建立了一系列卓有成效的扶贫模式。这些扶贫模式在云南省的扶贫工作中起到了良好的作用。

农村社会保障模式：农村社会保障由民政部门负责。社会保障模式主要包括社会救助、赈灾救助。社会救助包括五保供养和最低生活保障等。赈灾救助主要是对于遭受自然灾害的灾民及贫困人口的临时性救助。赈灾救助对处于受灾的贫困居民而言是雪中送炭，是非常必要的一种救助方式，但这种救助方式只能解决贫困居民暂时的困难，无法提供长期保障。五保供养是对无劳动能力，无生活来源又无法定赡养、抚养、扶养义务人，或法定赡养、抚养、扶养义务人无赡养、抚养、扶养能力的老年、残疾或者未满16周岁的村民在吃、穿、住、医、葬方面给予村民的生活照顾和物质帮助。农村最低生活保障是指由地方政府为家庭人均纯收入低于当地最低生活保障标准的农村贫困群众，按最低生活保障标准，提供维持其基本生活的物质帮助。社会救助是对于由于能力或资源限制而陷入贫困人口的长期持续的救助行为，能够弥补民政部门的临时救助的不足。"十一五"期间，云南省政府有效组织抗灾救灾，省财政投入救灾资金 13.1 亿元，救济灾民 552.4 万人，保障了灾区群众的基本生活，保持了灾区的社会稳定。2007—2010 年，①云南省对 22.1 万农村五保供养对象实现应保尽保，共支付 10.9 亿元，向 378 万农村贫困人口，共支付农村最低生活保障，约 101.6 亿元。②这些社会保障措施非常有力地保障了农村困难居民的生活。

整村（乡）推进模式："整村（乡）推进"是为了如期实现《中国农村扶贫开发纲要（2001—2010 年）》目标所采取的一项关键措施；以扶贫开发工作重点村为对象，以增加贫困群众收入为核心，以完善基础设施建设、发展社会公益事业、改善群众生产生活条件为重点，以促进经济社会文化全面发展为目标，整合资源，科学规划，集中投入，规范运作，分批实施，逐村验收的扶贫开发工作方式。"整村（乡）推进"有利于整合扶贫资金、各类支农资金和社会帮扶资金等资源，集中力量解决贫困乡镇的基础设施滞后、产业基础薄

---

① 云南省农村最低生活保障制度于 2007 年开始实施。

② 根据中华人民共和国民政部网站提供数据计算而得，http://www.mca.gov.cn/article/zwgk/tjsj/。

弱、公共服务不足、人才资源匮乏等瓶颈，从根本上解决了连片贫困地区的扶贫问题，为增加贫困群众收入打下坚实的基础。2001—2010 年，云南省累计投入省级以上财政扶贫资金 51.7 亿元，完成了 2 078 个村委会和 2.53 万个贫困自然村的整村推进，有 143.5 万户贫困农户直接受益，提前一年完成"三个确保"目标任务。如：曲靖市 2007 年开始，以户"八有"、自然村"六有"和行政村"六有"为目标，每村整合投入资金 400 万元，探索开展了"政府大投入、资金大整合、项目大集中、社会大参与、群众大建设"的整村推进扶贫开发新路子，在较短时间内实现了 332 个贫困村委会经济社会跨越式发展、贫困人口整体脱贫。

易地扶贫模式：易地扶贫是指将生活在缺乏生存条件地区的贫困人口搬迁安置到其他地区，并通过改善安置区的生产生活条件、调整经济结构和拓展增收渠道，帮助搬迁人口逐步脱贫致富。云南省"十一五"期间扶贫易地搬迁工作取得了新的进展。共投入省级以上资金 14.68 亿元，转移安置贫困群众 29.57 万人。其中：财政扶贫易地搬迁 14.32 万人，投入资金 8.66 亿元；国债扶贫易地搬迁 12.25 万人，投入资金 6.02 亿元。例如：永德县大山乡纸厂村龙塘沟自然村，红山自然村一组、二组海拔地处碳酸盐岩地区中松散堆积的不稳定陡坡上，随时面临滑坡的威胁。为此，2009 年共投入资金 337.9 万元。其中，省级以上财政扶贫资金 168.5 万元，群众自筹 169.4 万元，组织实施了易地扶贫开发，转移安置农户 55 户 337 人，从根本上改善了基本丧失生存条件贫困群众的生产生活条件。易地扶贫模式改善了贫困人口的生存环境，有效保护了生态环境，开阔了迁入居民的视野，提高了人口素质，增加了贫困居民收入。然而这种扶贫模式的执行仍存在很多问题：①迁入地的土地调整难度大，已分配土地的农民不愿转让给迁入的贫困户；②极度贫困的群体畏惧搬迁，极度贫困的群体没有能力自筹资金用于建房和发展生产，导致这部分群众望而却步，不敢搬迁；③搬迁户后续产业培育难度大。搬迁后农户仍然以传统的农作物种植为主，培育新的支柱产业缺乏资金扶持，发展后劲差。要很好地发挥易地扶贫作用，使得易地搬迁"搬得出、稳得住、能发展、可致富"，仍有待在扶贫工作中进一步摸索。

以工代赈模式：是指政府规定救济对象必须通过参加社会公共工程建设而获得赈济物或资金的一种特殊救济方式，也是政府行使扶贫救灾职能、推进基础设施建设职能、促进就业职能的有效制度保证。"以工代赈"模式主要运用于政府对贫困地区赈灾扶贫工作中，其基本内容是采取国家投入实物折款与地方配套资金相结合的方式，重点扶持贫困地区修建道路和农田水利基础设施。

一方面为当地经济增长创造物质基础，另一方面为贫困人口提供短期就业和收入。"以工代赈"模式实质是通过"输血"达到"造血"，救济性、诱导性、开发性同时兼顾，最终实现赈灾救济和发展的双重功能。云南省以工代赈扶持范围为国定 73 个贫困县，并以这些县中贫困乡、村作为安排项目及资金投放的重点。主要是扶持这些地区的贫困群众建设基本农田（地），修建小型农田水利工程，解决农村人畜饮水，建设县、乡公路和经济开发道路，发展畜牧业，种植经济林果，改善农村通信条件，进行"绿色希望工程"建设。2010年 6 月国家发展改革委下达德钦县升平镇雾农顶农村小型基础设施建设项目中央预算内以工代赈补助资金 80 万元，连同地方投资 18 万元，计划建设基本农田 150 亩（1 亩≈666.67 平方米，全书同）、公路 1 千米、人畜饮水工程 1 处，发放劳务报酬 16 万元。云南省以工代赈扶贫模式存在后续维护管理难度大的问题。云南省大多数以工代赈项目如农田水利、公路等，地处半山坡，时有山体滑坡、泥石流等自然灾害发生，普遍容易出现严重的损毁现象，建成后维护费用高，影响了项目效益发挥，给工程的管理维护带来了一定难度。一些项目管理工作有差距，重项目争取、轻建设管理的现象不同程度存在。

对口帮扶模式：对口帮扶扶贫模式，是由中央政府倡导、各级政府率先垂范、全社会广泛参与的一种扶贫模式。对口帮扶可分三个层次：一是在中央政府的统一安排下，以地方政府主导的东西部协助扶贫，即东部发达省市帮扶西部贫困省区；二是中央和各级国家机关、企事业单位帮扶辖区内的贫困县区；三是社会组织、民间组织和民主党派到贫困地区进行产业投资、合作和智力帮扶。① 对口定点帮扶本着双方应"优势互补、互惠互利、长期合作、共同发展"的原则，在扶贫援助、经济技术合作和人才交流等方面展开多层次、全方位的协作。从 1996 年到 2009 年的 14 年间，27 家中央国家企事业单位在云南省 42 个扶贫开发工作重点县，共派出蹲点扶贫干部 317 人，挂钩单位领导深入定点县、乡、村实地考察 4 144 人次，直接投入扶贫资金 18.13 亿元，引进扶贫资金 8.91 亿元，实施扶贫项目 2 446 个，引进人才 1 976 项，修建校舍 375 所，资助学生 15.2 万人，举办各类培训班 43 492 期，共培训 573.1 万人次。2001—2010 年，213 家省级国家机关、企事业单位对云南省直接投入帮扶资金 12.65 亿元，并广泛动员驻滇部队、民营企业、科研院所、大中专院校多渠道、多形式参与扶贫开发，并积极开展减贫领域的国际合作与交流。如：外交部定点帮扶麻栗坡县 17 年来，共投入帮扶资金 1 亿多元，主要实施了"温

---

① 帅传敏. 中国农村扶贫开发模式与效率研究 [M]. 北京：人民出版社，2009.

饱工程""卫生工程""希望工程"和"培训工程"4 类工程 492 个项目，使全县农民人均纯收入达到 2 200 元。另外，上海与云南的对口帮扶始于 1996 年，至 2011 年，上海市累计投入无偿帮扶资金 19.59 亿元，实施了新农村建设、产业发展、特困群体帮扶、劳动力转移培训、教育卫生帮扶合作等一大批重点项目，迄今共帮助云南省 40 多万贫困人口实现脱贫。[①] 对口帮扶的优势在于可利用相对发达地区的较大规模的资金和其他资源，在较短的时间内使扶持的村在基础和社会服务设施、生产和生活条件以及产业发展等方面有较大的改善，并使各类项目间能相互配合以发挥更大的综合效益，从而使贫困人口在整体上摆脱贫困，同时提高贫困地区与贫困人口的综合生产能力和抵御风险的能力。对口帮扶模式的主要问题在于参与对口帮扶的机构缺乏及时、准确和低成本传递信息和交流经验的渠道，在扶贫实践中形成的经验很难快速、有效地传播出去，创新和经验的作用受到限制；现阶段的帮扶形式还不够全面，未来需要全方位的帮扶合作。因此，对口帮扶可从单一的进村入户、解决温饱向整乡规划、整村推进全面发展，向社会事业全方位延伸，向企业间合作不断推进，积极探索对口帮扶合作的新模式、新办法。

这些以政府行政推动为主的扶贫开发机制，充分发挥了政府强大的资源配置能力和制度推广能力等优势，但是面对当前的贫困问题和扶贫形势，却显露出本质上的弊端：政府资金供给能力不能满足农村的扶贫需求，存在资金缺口；多部门、多层级的机构设置和部门利益的存在，使得政府反贫困易出现难以协调的矛盾，不仅增加了扶贫运行成本，而且导致了扶贫资源使用分散；依靠垂直的等级式传递系统，缺乏贫困人口参与项目决策和管理的渠道，往往导致扶贫项目偏离贫困人口的需求，扶贫成效不高；政府对扶贫资源管理和监督处于垄断地位，极易导致政府对扶贫资源的挤占、挪用、贪污等行为，造成扶贫效率低下。因此，扶贫工程除了政府强有力的主导外，仍需要其他社会力量的积极参与。

二、以企业为主体的扶贫开发

企业是市场经济的主体，对促进社会发展起到非常重要的作用。企业不仅是以营利为目的，运用各种生产要素（土地、劳动力、资本、技术和企业家才能等），向市场提供商品或服务，实行自主经营、自负盈亏、独立核算的具

---

① 刘士安. 沪滇对口帮扶合作探索创新模式、形成"政府援助、人才支持、企业合作、社会参与"格局 [N/OL]. [2011-10-18]. http://unn.people.com.cn/GB/14748/15938216.html.

有法人资格的社会经济组织，而且作为重要的社会成员承担着社会责任，包括企业的法律责任，企业的经济责任，企业的环境责任，企业的公益责任。企业的法律责任是指企业经营必须守法，这是强制性的；企业的经济责任是企业生存的要求，如果没有盈利，企业就失去了生存的价值；企业的环境责任，指企业在发展时不能破坏环境，应注重社会发展的可持续性；企业的公益责任，指企业为了塑造企业公众形象，承担一些非营利公益活动，这一责任与企业的营利宗旨相关性较弱，对企业而言，企业的选择性和自主性最强。一些成熟的企业作为经济主体，不仅注重自身的营利目的，而且把公益责任作为企业战略成熟度、内涵竞争力的重要标志。从企业来说，参与扶贫开发，为贫困地区捐款捐物做公益，还是到贫困地区投资兴业求发展，以各种形式助推贫困地区发展，带动贫困人口脱贫增收，这本身就是企业形象的塑造、企业文化的积累、企业发展环境的改善和发展空间的拓展的一种途径。从社会来说，引导和推动企业参与扶贫开发不仅是构建大扶贫格局的重要内容，而且是开发式扶贫的重要途径。

从企业的扶贫模式来看主要为产业扶贫模式。产业扶贫模式是推动农业基地与企业产销对接，以市场为导向，以农民增收为目标，紧紧围绕提高农民组织化程度这个中心环节，采取"公司+基地+农户""公司+专业合作社+农户"等形式，引导特色种养基地与企业产业链条紧密对接，深入推进农业产业化经营。产业扶贫是促进产业投资收益与贫困地区发展的双赢策略，是在新时期为投资者寻找发展机遇，为贫困者寻找致富道路，为社会寻找均衡安定的全赢政策。2001—2010年十年间云南省共投入财政扶贫贴息资金8.36亿元，引导项目贷款94.41亿元，重点扶持了龙头企业251家，带动贫困农户发展种植业、养殖业和加工业；引导到户贷款114.59亿元，帮助约240万贫困农户发展特色小产业，户均增收1 100多元，到期还款率由过去的86%提高到现在的99.3%。投入专项财政扶贫资金4.57亿元，扶持贫困地区产业发展。云南省在69个县600多个贫困村开展了互助资金试点工作，累计投入财政扶贫资金8 600万元，实现户均增收1 000元以上。如：金平县引进广州大唐实业公司到勐拉乡进行香蕉产业开发，采用"公司+农户+基地"的发展模式，使香蕉亩产由原来的200～300千克提高到1 000～1 500千克，已带动3 500多户农户实施标准化种植香蕉6 000亩，户均增收400多元。漾濞县立足自然资源优势，着力培植和壮大核桃产业，苍山西镇光明村共有核桃约12万株，人均99株，核桃干果年产量480吨，销售收入674万元，人均纯收入达5 600元。腾冲县大力推进互助资金试点工作，界头大园子村汤家岭小组互助社35户社员累计借款 35 万元，购买摩拉奶水牛 35 头，日产奶约 240 千克，每天毛收入近千元，每年户均增收达 7 000 元。通过产业扶贫，培育了一批优势特色产业，当地农民增收明显，逐步摆脱了贫困。

产业扶贫模式的优点体现为：一是可加快落后地区的发展步伐，缩小区域差距；二是促使扶贫工作从输血到造血的转变，可巩固扶贫成果；三是解决生产发展问题是社会主义新农村建设的首要任务，而推进农业产业化必将是解决生产发展问题的有力举措；四是可加快农业产业结构调整步伐。但产业扶贫过程中也存在一些问题：一是马太效应，导致强者越强，弱者越弱。在实施产业扶贫的过程中，有一定经济基础和实力的人更容易接受产业扶贫政策，且实施效果比较明显，而那些没有经济基础，也没有发展意识的人大多不愿意主动接受，这就会造成马太效应的发生，从而背离扶贫工作的根本宗旨。二是部分企业背离扶贫宗旨，将扶贫作为利益攫取之路。在"公司+基地+农户"或"公司+专业合作社+农户"的合作形式中，农户处于产业链的末端，属于相对弱势群体，公司未尽利益共享之承诺，而是攫取了产业链中绝大部分的利益，农户仅仅获得较少的收益，这与产业扶贫的初衷相违背。三是草率行事，致使扶贫越扶越贫。由于对扶贫产业缺乏深入的调查研究，草率进行产业投入，可能由于资金配套不足，或科技支撑不够，或产品市场缺乏等原因，使得产业扶贫失败，前期投入未能产生收益，出现越扶越贫的现象。这些问题在产业扶贫中始终存在，需要在以后的扶贫工作中进一步解决。

企业扶贫在社会扶贫里面扮演着非常重要的角色。企业不仅投入了大量的资金，而且通过杠杆的方式给贫困地区输送了大量的人才，带去了很多先进的理念。在实施过程中也有很多企业结合自己企业的优势，把很多项目带到贫困地区，让贫困地区融入整个经济发展过程中去。企业的贡献不仅仅是直接的定点扶贫，包括政府的东西互助，包括社会组织互助，背后都有企业的影子。中国扶贫基金会作为社会组织，对贫困地区的一些援助很多都是来自企业的支持。社会组织扶贫后面也有很多企业的影子，社会公众对贫困地区的援助，实际上很多都是企业的员工以个人的方式参与的，所以企业在社会扶贫中的作用非常大。例如 2007 年在国务院扶贫办、全国工商联和中国光彩促进会的具体指导下，云南省扶贫办与省工商联密切配合，精心组织，截至 2009 年 12 月，参与光彩事业的云南省民营企业，共捐赠资金 13.88 亿元，捐物折款 2.85 亿元。民营企业通过与自然村开展"结对帮扶"，实施了 1 243 个项目，投入资金 7.05 亿元，主要用于社会主义新农村建设项目。通过投资建设，贫困农民实现了稳定增收，企业实现了盈利，村企共建工作成效明显，提前完成了云南省委、省政府提出的"千企扶千村"工程的任务。

扶贫是一个综合的问题，需要各个社会主体用各种方式来参与，企业拥有很多资源，包括资金、人才、方法、项目，可以给贫困地区提供很多机会，企业在社会扶贫中将会发挥越来越大的作用。

三、以非政府组织为主体的扶贫开发

(一) 非政府组织在扶贫中的作用

非政府组织是社会发展的产物，是社会治理主体之一。从宽泛的理论层面上讲，一切既不属于社会公共部门，又不属于以营利为目的的社会组织，都可称为非政府组织（Non-Governmental Organization，NGO）。在新时期的反贫困任务的艰巨程度日渐提高的同时，"市场失灵"和"政府失灵"却在扶贫中日益凸显，因此，我国迫切需要开拓"反贫困"的新思路和新机制。而根据国外多年的实践证明，政府与非政府组织的合作是一条"反贫困"的新路。

在我国非政府组织是一支重要的扶贫力量。20世纪80年代初，随着中国的改革开放，部分扶贫类国际非政府组织开始进入中国云南等地开展项目。而目前，大约有数千家大大小小的国际非政府组织在中国开展活动。这些国际非政府组织在中国设立办事处或者固定的办公场所，有较熟悉的长期合作伙伴，有具有连续性的运作项目。

在中国开展扶贫项目的国际非政府组织中比较有影响的包括世界宣明会、国际行动援助、英国救助儿童会、福特基金会、救世军、爱德基金会等。它们不仅给当地带去资金和技术，更重要的是带去观念、知识，以及解决贫困和各种社会问题的思路。非政府组织以其自身独特的组织特点，在扶贫过程中越来越发挥着不可替代的作用：首先是资源的充分利用和弥补政府的不足。NGO依靠市场机制，以自愿捐赠为原则，将政府无法动员的资源引入扶贫领域，既包括从我国本土募集的资源，也包括来自海外的资源；既包括资金、人才等有形资源，也包括专业知识、技能、先进文化和组织管理制度等无形资源。这在一定程度上弥补了政府扶贫财力的不足，减轻了政府负担的同时，也在一定程度上带来了社会资源的再分配，促进资源向贫困地区转移。其次是提高了扶贫的效率。NGO具有扶贫的组织理念，项目实施的灵活性和多样性等特征，资金使用效率和扶贫命中率都远远高于政府。再者，由于非政府组织注重贫困人口的项目参与和能力培养，调动了他们脱贫的积极性，保证了项目的长期实施，脱贫成效显著。

(二) 非政府组织的参与式项目扶贫

NGO最有特色的扶贫模式是参与式项目扶贫模式。

参与式项目扶贫模式是指：非政府组织采取的是基于由组织协助的、贫困人口为参与主体的、自下而上的民主型的扶贫机制。扶贫工作以项目为中心的组织结构，使各部门既分工明确，又相互沟通协调，促进扶贫的专业化和规范化。非政府组织扶贫项目的选择和决策则体现出组织自身、政府、专家和贫困人口等多方互动的模式，但着重强调贫困人口的意愿和实际需要。这种帮扶形式是利用座谈会、家庭访问、村民大会等形式调查农户的具体困难以及对项目的需求，并充分给予农户中的弱势群体（如妇女、最贫困者等）表达意愿的机会，然后经过专家和当地政府分析后，选择基本得到农户认可的项目来实施。例如英国救助儿童会在云南活动的项目主要是提高边远地区少数民族贫困儿童所受教育的质量和他们对教育的可及性。在创建儿童友好学校的总体目标下，该项目共分三个组成部分：为学校创收活动提供资金和技术支持、为项目学校的教师和各级教育部门的工作人员提供教师培训以提高教学质量和研究等。[1] 世界宣明会与永胜县政府于1999年开始共同筹建农村发展培训中心。至2001年年底，培训中心正式开始运作，致力于地方能力的整体提升。计划培训内容包括：儿童发展、项目管理、教育、青少年职能培训等。培训中心还担负起"农民学校"的职能，以提高当地贫困社区的生产与经济活动的技能，同时成为当地社区与外界交流、获取资讯的窗口；并坚持和当地的村民进行各种互动活动，比如坐在一起讨论具体项目的建设意见、存在问题的改进方式，还让村民们对未来生活进行展望等。经培训的村民，已渐渐学会了自己去思考如何脱贫致富，他们不再是默默地接受别人安排好的帮助，而开始自己主动去寻找脱贫的"路子"，有时还会聚在一起商讨对策。[2]

非政府组织也存在着自身的局限，主要的表现是非政府组织缺乏强大的资源动员能力，借助组织领导个人声威募捐的方式仍较为普遍，没有与市场机制相结合；非政府组织服务对象的特殊性以及组织活动受到捐赠人偏好或组织领导的"家长式作风"的影响，可能忽视了其他群体的需求，对象存在"狭隘性"；非政府组织强调"利他主义"，往往不能提供具有竞争力的工资，因此人力资源匮乏，导致了专业扶贫的"业余性"；非政府组织因力量有限，不具有全局性的影响力，制度推广能力不足等。特别是在我国社会转型时期，非政府组织发展定位还不稳定，存在严重依赖政府的现象，使得它们的扶贫不仅存在上述不足之处，而且多少还带有一些政府扶贫的弊端。

---

[1] 资料来源：云南民促会。

[2] 申宏磊. 国际扶贫援助项目在中国 [M]. 北京：新世界出版社，2006.

四、小结

政府、企业和非政府组织在扶贫领域各有所长，也各有所短，并且政府扶贫的优势恰恰是企业、非政府组织的缺陷，而企业、非政府组织的长处也恰恰是政府的不足之处。政府、企业、非政府组织在扶贫中可以基于这种"互补关系"，依据各自的比较优势进行分工合作，实现政府机制、市场机制和社会机制的有机结合，推动我国反贫困治理结构的建立，将有利于从根本上缓解和消除我国农村贫困，完成我国扶贫攻坚的历史任务。

第二节　不同手段的扶贫开发

一、科技扶贫

（一）科技扶贫的意义

科技扶贫是国家科委于 1986 年提出并组织实施的一项在农村进行的重要的反贫困战略举措，是我国政府开发扶贫战略的重要组成部分。其宗旨是应用先进适用的科学技术改革贫困地区封闭的小农经济模式，提高农民的科学文化素质，提高其资源开发水平和劳动生产率，促进商品经济发展，加快农民脱贫致富的步伐。

科技扶贫是针对贫困地区生产技术落后和技术人才极度缺乏的现实状况提出的。一是强调自我发展。以市场为导向，以科技为先导，引导贫困地区合理开发资源，将资源优势转化为经济优势，同时努力提高贫困农民参与市场竞争的能力，实现自我发展的良性循环。二是注重引进先进、成熟、适用的技术。农业技术具有强烈的地域性和适应性，科技扶贫在向贫困地区引进技术时，必须是同行业最先进的成熟技术，而且要适合贫困地区的实际情况。三是注重将治穷与治愚相结合。科技扶贫通过农业、科研、教育三结合等形式，一方面向贫困地区输入科技和管理人才，建立健全科技示范网络，组织开展各种类型的培训；另一方面建立全国农村科普网络，大力开展科普宣传，弘扬科学精神，提高农民素质。

科技扶贫是由单纯救济式扶贫向依靠科学技术开发式扶贫转变的一个重要标志。

（二）云南科技扶贫的状况

云南省历来注重科技扶贫的力度。省政府通过加强贫困地区乡村农业科技机构和队伍建设，健全农业科技推广服务体系，扩大电脑农业专家系统项目建设规模，加强农业增产技术措施的推广；积极推进"农业科技扶贫工程"和"科技扶贫示范村"建设，发展一批有规模的科技示范商品基地和科技示范村，培养一批科技示范户；抓好贫困地区干部群众的农业适用技术培训和扫除青年文盲工作，加强对农民的"绿色证书""跨世纪青年农业科技"培训等措施，促进科技在扶贫中的作用。

"十一五"期间，云南省启动了水稻、玉米、生猪等8个农产品省级现代农业产业技术体系建设，农业科技成果推广应用成效显著，农业可持续发展能力增强。在此期间，云南省大力开展高产创建、中低产田改造、节水喷滴灌等农业基础设施建设，全省科技创新能力稳步提升，建成一批重点实验室，新选育审定农作物新品种280个，24个畜禽品种通过国家认定。云南省还启动了农技推广示范县30个，建立了300个试验示范基地、800亩农作物高产示范样板，培育了4.2万个农业科技示范户；推广了150个主导品种和120项主推技术；新型农民培训工程培训农民22.6万人，辐射带动农户226万户。水稻良种覆盖率达83%，生猪良种覆盖率达86%。据统计，全省农业科技贡献率已达49%。[①] 这些农业科技推广、农业基础设施建设、示范县、示范基地、示范样板、示范户和培训有很大一部分是针对贫困地区进行的。

科技示范乡模式：九五期间，云南省科技厅的农村科技服务中心组织了云南省180名具有各种专长的农业专家，组成专家服务团，为全省103个乡提供了技术培训、技术指导和技术咨询等服务。通过综合配套措施，到2000年年底，全省103个科技扶贫示范乡共有206 232户解决了温饱问题，贫困人口从108万人降到12.9万人，2000年，103个科技示范乡全部脱贫。

除此之外，科技扶贫还体现在一些项目开发、定点帮扶和对口帮扶方面：

近年来，联合国开发计划署在华宁县柑橘基地扶贫项目中，就引用新技术、新品种分别建立了柑橘早熟集成创新技术示范基地、盘溪镇小龙潭村柑橘创业示范基地、华溪镇独家村湾子基地、华溪镇农业新品种与新技术推广示范基地和新农村建设示范村，并应用了柑橘近地面微喷技术。当地居民依靠科技，发展柑橘产业，辐射带动周边群众发展农村经济，增加了收入。

2011年7月18日，云南省科技厅启动了"云南省科技厅重大科技扶贫项目——昆明华曦牧业集团平远镇养殖基地"。该项目是昆明华曦牧业集团与地

---

① 吉哲鹏."十一五"期间云南农业科技成果推广应用成效显著 [N/OL]. [2010-12-25]. http://news.xinhuanet.com/local/2010-12/25/c_12917692.htm.

方政府合作，以文山州砚山县平远镇和富宁县老寨村为重点，共同建设 50 万只蛋鸡标准化养殖示范基地，推广健康养殖生产技术，进一步探索政府推动、企业带动的农村造血式产业异地扶贫新模式。

从 1986—2009 年，云南省级机关企事业单位定点挂钩扶贫在挂钩点陆续引进技术 7 762 项；举办培训班 8 181 期，共培训 69 万人次，帮助解决了农村科技应用和普及的难题。

1996—2010 年，上海市科委向对口支援的云南红河、文山、普洱（思茅）、迪庆等地区，通过实施援助项目，建设科技中心，开展智力援助等工作，多层次、多渠道开展科技对口帮扶工作。上海市科委在云南红河、文山、普洱、迪庆、重庆万州建立了上海科技中心，在阿克苏、日喀则建设了上海科技活动中心，这些中心增强了当地科技部门的实力，成为当地科技成果转移、企业孵化、技术培训的基地。在智力帮扶方面，上海市科委除派出援疆干部以外，一方面依托已经建成的上海科技中心，在当地开展科技培训和适用技术的培训，另一方面邀请受援地区科技管理干部到上海进行培训，帮助提高当地的科技管理水平。上海市科委根据受援地的需求，结合上海的优势，在对口支援地区实施对口支援项目 130 多项，这些项目提高了当地的技术水平，促进了当地经济和社会的发展。

云南科技扶贫越来越多地贯穿于整村推进、整乡推进、定点对口、产业项目扶贫过程中，以及农业科技成果推广应用过程中，通过新品种的推广、新技术的引进，对农民进行科技、管理知识的培训，达到促进农民增收、脱贫致富的目的。

二、教育扶贫

（一）教育扶贫模式及方式

就贫困的产生来看，人力资源的低质量是根本原因，并因此造成恶性循环。在宏观层次上，一个国家低质量的人力资源导致较低的人均国民收入；在微观层次上，贫困人口因综合素质较低，在经济机会竞争中必然处于劣势，从而加剧个体的贫困。贫困反过来又阻碍了贫困人口综合素质的提高和福利水平的改善。可见，贫困人口综合素质较低既是贫困的原因，又是贫困的结果，在贫困和较低的人口素质之间形成一种恶性循环。因此，教育是对贫困人口进行素质改造的最主要途径，治贫先治愚，扶贫先扶教，教育扶贫是我国整个扶贫开发的一个重要方面，是扶贫助困的治本之策。

教育扶贫就是通过在农村普及教育，使农民有机会得到他们所需要的教育，通过提高思想道德意识和掌握先进的科技文化知识来实现征服自然界、改造并保护自然界的目的，同时以较高的质量生存。

教育扶贫模式是 1996 年由《中共中央、国务院关于尽快解决农村贫困人口温饱问题的决定》明确提出，"要把扶贫开发转移到依靠科技进步，提高农民素质的轨道上来"，在扶贫开发的内涵上拓展了教育扶贫的功能。我国学者林乘东于 1997 年提出教育扶贫论。他认为，教育具有反贫困的功能，可以切断贫困的恶性循环链；应该把教育纳入扶贫的资源配置中，实现教育投资的多元化，使公共教育资源向贫困地区倾斜。[①] 集美大学的严万跃认为，现代社会的贫困问题都是知识与能力贫困的表征和结果，发挥教育的扶贫功能不仅能增强贫困人口脱贫致富的能力，还可以带来巨大的社会效益。[②]

教育扶贫的形式主要包括五类：①剩余劳动力转移培训与就业扶贫；②为国家扶贫重点县建立现代远程教学站；③实施教育扶贫工程；④设立教育扶贫基金，为贫困学生提供必要而稳定的经济保障；⑤捐款捐物。

（二）云南的教育扶贫

云南是一个多民族的边疆省份，由于自然、历史等原因，贫困地区教育发展水平低，教育普及面小，劳动者文化素质不高，长期制约着这些地区经济社会的发展。云南省委提出"科技兴滇，教育为本"和"科教兴滇"的战略，治穷先治愚，探索依靠科技进步和提高劳动者素质发展经济的路子，把优先发展教育落到实处，大力开展教育扶贫，使这些地区的基础教育得到长足发展。各种扶贫方式主要体现如下：

（1）剩余劳动力转移培训扶贫

在现代社会，不管从事何种劳动，都要求劳动者有一定的知识、技能和健康的身体素质。加强农村劳动力素质培训，提高农民的就业技能和整体素质，是实现农村劳动力转移的根本保证，也是解决"三农"问题的核心之一，更是增加农民收入的主要途径之一。农村劳动力转移培训是指对需要转移到非农产业就业的农村富余劳动力开展培训，以提高农民的素质和技能，加快农村劳动力转移就业。培训包括职业技能培训和引导性培训，以职业技能培训为主。

云南省贫困地区认定了 90 个省级和 1 个国家级劳动力转移培训示范基地，10 年共投入财政扶贫资金 4.69 亿元，转移培训贫困地区劳动力 201.69 万人，其中技能培训 28.4 万人，拓宽了贫困群众的就业渠道。如：昭通市在建立健

---

① 林乘东. 教育扶贫论 [J]. 民族大家庭，1997 (5)：56-57.
② 严万跃. 论现代教育的扶贫功能 [J]. 深圳职业技术学院学报，2006 (4)：77-80.

全市县乡三级工作机构的基础上，依托驻外办事机构和外出务工人员同乡会，在外出务工人员较为集中的地区建立了60多个农民工服务联络点，提高了农民工就业的稳定性，常年在珠三角、长三角的昭通籍务工人员达30.98万人，占全省省外务工总人数的25.8%。[①] 转移就业培训提高了贫困人口的素质和技能，增加了贫困地区人口外出务工的机会，有效提高了贫困家庭的收入。

现阶段，劳动力转移培训也存在一些问题。首先，培训时间过短。一般培训时间为几天至几周不等，这样的培训只适合劳动技能含量低的工种，不利于收入附加值的提升。其次，培训质量难以保证。由于参加培训人员其本身素质较低，对于培训内容的接受能力也相对较弱，短期培训可能使得培训参与人接受困难，从而无法达到预期目的。最后，培训内容有待扩充。专业技能只能在一定程度上解决农民转移就业的问题，但是要想让农民真正适应和融入城市生活，促进城乡一体化，仅有技能是远远不够的。认知改造、心理疏导、法制教育等都应该纳入培训的议程中来。

（2）建立现代远程教学站

远程教学站是指利用现代信息技术，使用电视及互联网等传播媒体的教学模式。它突破了时空的界线。这种教学方式有很多优点，例如可以充分地利用教育资源让更多的人受教育，让西部贫困落后山区可以共享东部或城市的教育资源等。

早于2005年，据云南省教育厅统计，云南省政府就投资了1.7亿元，在曲靖、大理、红河、思茅、保山、丽江等州市，新建了635间计算机教室、3 760个卫星教学收视点和4 800个教学光盘播放点，将整个省的农村中小学现代远程教育覆盖面提高到了52%。

2003年9月12日，清华大学教育扶贫远程教学站开通。清华大学以"教育服务社会"为理念，以"传播知识、消除贫困"为宗旨，实施教育扶贫工作，利用现代信息技术为国家扶贫开发工作重点县建立清华大学教育扶贫现代远程教学站，将教育和培训资源无偿输送到贫困地区。清华大学先后在云南的香格里拉、宁耳、双柏、盐津、迪庆、大理等市县建立了教育扶贫现代远程教学站。

（3）实施教育扶贫工程

教育扶贫工程是为贯彻落实中央扶贫开发工作会议精神、《中国农村扶贫

---

① 资料来源：第三届中国贫困地区可持续发展战略论坛（材料汇编），云南省扶贫办网（http://www.ynfp.cn/zcfg_show.asp? zcfgid=95），2011年2月11日。

开发纲要（2011—2020 年）》《国家中长期教育改革和发展规划纲要（2010—2020 年）》，充分发挥教育在扶贫开发中的重要作用，对集中连片特殊困难地区涉及的 680 个县实施的一项重大民生工程。该工程旨在通过加强基础教育，完善职业教育和培训网络，促进高等教育特色发展，提高学生资助水平等举措，让连片特困地区的青少年普遍接受现代文明教育，让劳动者人人掌握职业技能，成为服务国家产业结构调整和当地经济社会发展的专门人才和产业大军，提高劳动者素质，通过人力资源开发，使连片特困地区人民群众脱贫致富。

云南禄劝县于 2011 年年底启动创建云南省教育扶贫示范县，通过实施"学校布局调整工程""学校基础设施完善工程""寄宿制学校学生生活改善工程""教育教学设备充实工程""教育信息化建设工程""教师队伍建设工程""学生安全保障工程""学校教育质量提升工程""民族教育发展工程"这九大教育扶贫工程，加大县级财政投入，每年预算一定经费实施教育扶贫示范县各项工作，切实加强学校基础设施建设，改善办学条件；积极引进教育人才，培养优质教育资源，力争用五年时间，使全县教育事业总体发展水平明显提高，达到全市中上水平，形成具有禄劝特色的民族地区教育扶贫可持续发展之路。

2013 年教育部全面推进联系滇西边境片区工作，组建了云南大学滇西发展研究中心作为教育扶贫政策研究平台，组织东部 10 个职教集团与滇西 10 个市进行战略合作并对口支援职业学校，组织实施了"爱心幼儿园援建工程"，设计开发了资源与信息网络平台"滇西开发网"，设立了滇西教育发展专项基金，向滇西 11 个县捐赠 1 100 万元，用于购置学生食堂设备。此外，还积极动员清华大学等 16 所直属高校到滇西定点扶贫。

（4）设立教育扶贫基金

设立教育扶贫基金是为了筹集更多的社会闲散资金，更好地投入贫困地区的教育事业中。通过建立希望工程小学、资助贫困学生、鼓励支教贫困地区、提供贫困地区教师对外交流等方式促进贫困地区教育水平的提高和教育事业的发展。通过设立教育扶贫基金也有助于保证教育扶贫资金社会筹集的持续性。在云南省教育厅的支持和企业家的共同努力下，云南省也相继成立了各种类型的教育扶贫基金。

云南教育基金会的前身为云南省中小学幼儿教师奖励基金会。1988 年 7 月 14 日成立。云南教育基金会以"扶贫支教、帮困助学、奖励优秀教师、弘扬尊师重教社会风尚、促进我省教育的均衡发展"为宗旨，至 2013 年，先后实施了"兴边富民'解读书难'工程""兴边富民支教助学工程""扶持7个人口较少民族教育发展工程""建设一堂四室一所一场工程"（爱心食堂、图书室、阅览室、电脑室、沐浴室、卫生厕所、勤工俭学种养殖场等）"国门学校关爱工程""教师关爱工程"（优秀教师评选奖励活动、"园丁之家"活动、教师疗休养活动）"助孤、助残、助贫学子圆梦工程""组织特级教师赴边疆支教讲学工程"等，资助边疆民族贫困地区盖起了爱心食堂、图书阅览室、中小学卫生厕所、勤工助学养殖种植场等53个；表彰奖励了大批优秀教师和教育工作者；配合省教育厅、人事厅等政府职能部门，选拔推荐了3 100多名优秀教师获得全国的表彰奖励；举办了十五届优秀教师"园丁之家"活动，让6 580多名在农村、山区、民族贫困地区长期执教的优秀教师，赴教育发达省（区）学习先进的教育理念、教学经验；组织了十四届中小学特级教师讲学团赴边疆民族贫困地区开展扶贫支教活动，培训教师达171 896人；近年来，每年资助孤儿、残儿和贫困中学生1 001名及资助贫困大学生4 500名完成学业；组织教师暑期疗休养每年1 000至2 000名，使长期坚持在边境一线教书育人的教师得到关爱，放松身心。上述多个品牌项目的实施，为弘扬全省尊师重教的社会风尚，提高民族贫困地区教师教学水平，促进云南省教育的均衡发展，发挥了积极作用。

云南省俊发教育扶贫基金会由云南俊发房地产有限责任公司倡议发起，于2007年6月由云南省教育厅批复、云南省民政厅批准成立。俊发地产每年向基金会捐资不低于200万元，在云南省贫困地区出资建盖学校、支持贫困地区教育事业的发展，以求从根本上改变贫困地区的贫困状况。至2009年，基金会已先后为云南的教育事业捐资近200万元，捐物12.7万元。其中108万元及12.7万元的物资用于东川红土地镇希望小学的建盖，90万元用于资助云南省三所高校300名贫困大学生完成学业。因为盈江附近发生了地震灾害，2011年4月24日，云南俊发教育扶贫基金会向梁河县勐养中学捐款600万元，支援学校基础设施建设和教学设备的购买。2012年云南俊发教育扶贫基金会为昆明倘甸产业园区、轿子山旅游开发区捐赠200万元，用于改善辖区内转龙中学、凤合中学及金源中学现有的教学基础设施，全面支持"两区"教育事业。

云南教育扶贫基金为云南贫困地区的教育事业的改善和提升发挥了较好的扶贫效果和社会效益。但云南教育扶贫基金的设立数量还比较有限，社会参与度和认知度都有待提高，需要更多企业、实体和社会人加入才能使之发展和运作得更好和更有成效。就此而言，云南教育扶贫基金的发展仍有很大的空间。

（5）捐款捐物形式

除了上述的教育扶贫方式，还有些企业或个人以捐款捐物的形式一次性直接捐助贫困地区的教育单位和贫困学生，以帮助这些地区改善教学环境、条件和质量，帮助困难学生完成学业。这种方式是其他教育扶贫方式的有效补充。

云南省地税系统不断开展以援建电教室为主的扶贫工作。截至2013年3月底，全省地税系统已在16个州市建设了108个电教室，投入资金、设备近2 000万元。另外，还购买了投影仪、电视机、交换机、桌椅等，总价值超800万元。共教育扶贫投入近2 800万元，惠及贫困地区的中小学生。

2008年11月，日本住友商事株式会社社长加藤进向云南省金平和麻栗坡两县提供教育扶贫援助资金。于2008年至2012年的5年间，每年通过中国外交部向上述两县捐赠扶贫款1 000万日元（共计5 000万日元），设立住友商事中国学生助学基金，以帮助两县贫困学生完成高中学业。

上海的郑德明先生于2008年采购了一批床架棉被，捐赠给澜沧农村贫困学生，2011年又在两个乡十余所小学实施了养殖项目，改善了学生的实际生活。为农村贫困学生送来了价值20万元以上的学习及生活用品。2010年又出资20万元，组织澜沧一中20名师生走出大山，来到上海，共享世博盛会。整整十天郑先生亲自安排，全天24小时陪同，让乡村师生充分领略到大都市的繁华。2011年，郑德明先生又拿出20万元，邀请了25名乡村教师到上海参加"爱飞翔乡村教师培训"项目。

企业和社会爱心人士对贫困山区教育事业的捐款捐物，对贫困山区教育的改善和提高也起到了一定的积极作用。

三、信贷扶贫

贫困人口需要靠自己的劳动和努力获得财富，从而脱贫致富，这不仅需要科技、教育还需要资金。常言说银行偏爱有钱人，大量需要资金进行生产投入的贫困人口在市场经济的条件下是不受商业化金融机构所青睐的。而且商业化金融机构的高额利息也不是管理能力较低、技术水平落后的贫困人口通过从事自我就业性的经济活动、主要依赖体力的不稳定的外出劳务活动所能负担的。因此，贫困人口生产和增收的资金只能通过政府提供的扶贫贴息贷款和小额信贷模式完成。

扶贫贴息贷款模式是2001年，中央在《中国农村扶贫开发纲要（2001—2010年）》（以下简称《纲要》）（国发〔2001〕23号）中提出的。根据《纲要》精神，2001年6月，人民银行会同财政部、国务院扶贫开发领导小组办公室、中国农业银行等部门制定了《扶贫贴息贷款管理实施办法》（银发〔2001〕185号）。扶贫贴息贷款由农业银行发放和管理。每年的扶贫贴息贷款计划由国务院扶贫办商财政部和农业银行确定，层层下达到各地。到户贷款的贷款对象为建档立卡的贫困农户，主要用于扶持其发展生产。项目贷款集中用于国家扶贫开发工作重点县和贫困村，重点支持对解决贫困户温饱、增加收入有带动和扶持作用的农业产业化龙头企业。2005年至2009年，云南省累计发放扶贫贴息贷款101.8亿元，安排贴息资金45 545万元。其中：累计发放扶贫项目贴息贷款26.8亿元，占扶贫贴息贷款总量的26.3%，安排扶贫贴息资金8 040万元，占扶贫贴息资金总额的17.7%；累计发放扶贫到户贷款75亿元，占全省扶贫贴息贷款总量的73.7%，安排贴息资金37 505万元，占全省扶贫贴息资金总额的82.3%。以云南省会泽县为例，从1998年起，农行会泽支行启动了小额信贷扶贫贴息贷款试点，承担全县小额扶贫贴息贷款的发放工作。截至2011年9月底，会泽支行通过乡镇小额贷款工作站，累计发放小额扶贫到户贷款41 200多万元，小额扶贫到户贷款惠及会泽10万余户农户，40余万人。

政府的扶贫贴息贷款既解决了贫困农户抵押担保难、贷款难的问题，还给予贫困农户贴息扶持，极大地调动了贫困农户发展生产、脱贫致富的积极性；通过信贷扶贫项目扶持，贫困农民自身的劳动和经营能力得到充分有效的开发利用，极大地提升了自身的综合素质，从根本上转变了"等、靠、要"的思想，进一步增强了信用意识、市场意识和经济意识。扶贫贴息贷款现阶段的执行也存在着规定的贴息期短、额度小、贴息标准太低、扶助力度不够等问题。贴息期一般为一年，额度为每户2万元以下，贴息资金是每1万元贷款一年贴息500元。目前农户贷款利率一般超过10%，贷款贴息后农户仍然要付出超过5%的利息，和其他银行的商业贷款不贴息的利率相差不多，贴息贷款的优越性不能彰显。

小额信贷模式：小额信贷一般指的是通过向贫困人口提供金融服务（主要是信贷、储蓄服务，也包括保险、支付服务等）和社会服务等，借以帮助贫困者增加收入、摆脱贫困的活动。农户小额贷款方式是政府扶贫贴息贷款模式的有效补充。中国农户小额贷款方式多种多样，主要有四种类型：一是由农村信用社发放的农户小额信用贷款和农户联保贷款。前者是直接依据农户信用情况发放的贷款；后者是指3~5户农户自愿组成相互担保的联保小组，农村信用社向小组成员发放的贷款。农户小额信用贷款和联保贷款是中国农户小额贷款最重要的组成部分。二是其他新型农村金融机构如村镇银行、小额信贷组织等发放的农户小额贷款。数据显示，2008 年 12 月云南省设立了 10 家小额信贷公司作为首批试点基地，截至 2010 年 6 月末，全省小额信贷公司已增至 181家，覆盖范围从 3 个州（市）、7 个县（区）扩大到全省 16 个州（市）、75 个县（市、区）。三是由邮政储蓄银行开展的存单小额质押贷款。中国邮政储蓄银行有 2/3 以上网点分布在县及县以下的农村地区。小额信贷模式是政府贴息贷款方式的一种有效补充，通过小额信贷的发放，农民贷款担保难问题得到了有效缓解，农户贷款面大幅度提高，有效解决了农民贷款难的问题。但小额贷款模式仍有很多问题亟待解决，例如扶贫与持续经营的问题、风险保障机制的完善问题、信用环境缺失问题等。

第三节　特殊地区的扶贫开发

云南省还有一些特殊地区，因为其独特的生态环境和历史文化背景，针对这些地方自然形成或由政府专门制定了一些特殊的扶贫开发模式。

一、乡村旅游扶贫

乡村旅游模式是指旅游者以乡村空间环境为依托，以乡村独特的自然风光和人文特色（生产形态、生活方式、民俗风情、乡村文化等）为对象，观光、度假、娱乐或购物的一种旅游形式。20 世纪 90 年代中后期开始，在生态旅游观念的推动和脱贫致富政策的促进下，中国的一些都市区域的旅游市场开始导入乡村旅游模式，并很快形成超速发展的态势。乡村旅游对于繁荣乡村经济、促进就业、增加农民收入、脱贫致富方面具有积极的意义。

地处我国西南地区的云南历来以山美、水美著称，丰富的历史民族文化形成了云南独特的旅游资源。著名的旅游胜地如丽江、大理、西双版纳和德宏是让众多旅游者流连忘返的地方。云南还有很多边远贫困地区，由于交通不便、经济不发达，使当地仍保持着完好的原生态环境，人们过着相对慢节奏的生活，而这正是现代社会发达地区饱受风沙、废气、废水、噪声和压力困扰的城市人所向往的地方和生活方式。这些将成为吸引城市人驻足的因素。通过相关旅游基础设施的建设，开发乡村旅游大有前途。云南乡村旅游开发比较成功的有丽江玉龙县和大理双廊村等。以玉龙县拉市海乡为例。拉市海是云南省第一个省级高原湿地保护区，四面环山，风景优美。作为金沙江水系的重要组成部分，它以其独特的地理位置、气候条件、生态环境养育了众多的动植物。据调查，每年有 60 多种越冬水鸟在这里栖息，国家一级、二级保护鸟类有 23 种。植物分布有沼生、挺水、浮水、沉水四类，保留了我国濒危植物海菜花及其种群。而拉市海作为为数不多的有价值的高原湿地有很大的旅游价值。拉市海在开办乡村旅游之前，农民年人均收入仅有 500 元左右。在自愿组建旅游经营合作社后，改变了原来个人的小打小闹和分散经营的模式，旅游无序、接待无序、管理无序的现象得到纠正。游客对合作社比对个人零星经营有更高的信任度，更愿意前来消费，于是旅游收入大幅增加，每天都有数万元进入农民的账户中。该乡再也没有贫困户，实现了全村集体脱贫。大理双廊位于洱海北部，凭借苍山、洱海等自然景观和千年古渔村文化、白族风情民俗等文化资源，以杨丽萍、赵青等名人效应带动，双廊乡村旅游从 2010 年以后出现了"井喷"发展现象，大量从"北上广"游离至此的旅客成为双廊的新移民。他们通过租地、租民居经营客栈餐馆。在这些外来租户的带动下，双廊村民开的"农家乐""渔家乐"如雨后春笋般涌现，以散客为主的外地游客数量迅速增加。双廊乡村旅游的特点：一是在市场作用下，由市场需求拉动，外来投资者进入双廊进行旅游开发和经营，形成了市场推动型乡村旅游发展模式；二是新农村建设的推进加大了公共投入，改善了道路交通等基础设施，打通了双廊与外界旅游市场的联系，为外来投资者创造了良好的投资环境；三是双廊村民积极参与乡村旅游发展，并成立协会等自治组织实现自我管理，获得了良好的收益。

除此之外，云南还有很多特色和发展潜力的乡村旅游资源，例如文山的坝美、怒江哀牢山等。但在云南很多地方，乡村旅游模式的发展受限于交通不便、基础设施建设滞后，良好的旅游资源未能得到充分的开发，当地贫困居民未能从中获益。随着政府基础建设的更多资金投入，各贫困地区基础设施加速建设，交通及生活条件的不断改善，将有望依托当地的旅游特色资源发展乡村旅游业，使当地农民脱贫致富。

二、生态建设扶贫

云南省的贫困人口主要分布在生态环境恶劣、自然资源匮乏的偏远地区，这就使得云南省的扶贫开发与生态建设任务存在高度重叠。生态扶贫，是指从改变贫困地区的生态环境入手，加强基础设施建设，从而改变贫困地区的生产生活环境，使贫困地区实现可持续发展的一种扶贫方式。

自 2002 年以来，云南省生态产业化及产业生态化建设取得了令人瞩目的成就，实施了"森林云南"建设、生物多样性保护、中低产林改造、退耕还林等一系列生态建设工程，通过开展植树造林，让良好的生态环境成为云南经济社会可持续发展的坚实基础，让生态产业化与产业生态化成为广大群众脱贫致富的一条行之有效的发展途径。云南"十五""十一五"期间结合"七彩云南"保护行动、天然林保护、退耕还林还草等生态环境保护工程，着力改善贫困地区生态环境，共新建节能灶42.9万口，新建沼气池74万口，新建太阳能设施45.9万套，种植生态林17.9万亩。以云南文山西畴县为例，该县的岩溶山区面积占全县面积的75.4%，生态脆弱，山多土少、石多水少、人多地少。通过鼓励农民人工造地和"坡改梯"，并引导其改进生产方式，改良作物品种，发展林果、香料等经济作物，使土地和良田数量得到增加，单位农田产值也大幅度提高。在岩溶地区，地面径流少，严重制约着人和土地用水。通过造池修塘，"蓄""用"并举，利用好了现有水资源，改善了农田灌溉条件。全县新增灌溉面积3.09万亩，恢复和改善灌溉面积4.65万亩，解决了7.66万人、1.12万头大牲畜的饮水问题。通过建设沼气池，将改厩与改厕、改灶相结合，新增沼气池8 000口，两年内使沼气池覆盖率从现在的63%提高到80%左右，同时配套解决村内道路硬化和通电等项目，逐步改变贫困农村的面貌。

云南省的乌蒙山区、石漠化地区、滇西边境山区、藏区四个连片特困地区的经济发展和生态保护的矛盾依然突出。云南省未来将加大生态扶贫的力度，加大贫困地区退耕还林、退牧还草、水土保持、天然林保护等重点生态修复工程建设力度；加强贫困地区石漠化综合治理、干热河谷生态恢复；加快贫困地区可再生能源的开发利用，因地制宜发展小水电、太阳能、风能、生物质能；加强以农村户用沼气池、畜禽养殖场大中型沼气池为重点的农村能源建设；加强贫困地区生物多样性保护，合理开发利用水土资源，保护生态环境，恢复生态功能，促进贫困地区环境、经济、社会协调发展。力争到2015年，贫困地区森林覆盖率比2010年年底增加2个百分点。到2020年，森林覆盖率比2010年增加5个百分点，石漠化得到有效治理，生态安全屏障作用不断强化。

三、特殊困难区域扶贫开发

特殊困难区域扶贫开发模式是针对云南省扶贫开发工作的重点和难点地区，通过重点扶持，给予特殊扶贫开发政策，加快地区发展和脱贫的一种模式。云南的特殊困难区域包括25个贫困边境县市、迪庆藏区和30个革命老区贫困县。

"兴边富民工程"：2005年至2007年，云南省实施了第一轮"兴边富民工程"。在25个边境县，实施了2 453个贫困村的整村推进项目和101 609户的扶贫安居工程项目，分别投入资金 4. 16 亿元和 3. 76 亿元，超额完成了《"兴边富民工程"三年行动计划（2005—2007 年）》分解到省扶贫办的建设任务（分解到省扶贫办的建设任务一是实施 1 800 个村整村推进，投入扶贫资金 3. 1 亿元；二是实施 101 573 户安居工程，投入扶贫资金 3. 6 亿元）。同时，省扶贫办在产业扶持、劳动力培训转移、易地搬迁、信贷贴息等各类扶贫开发项目的安排上，尽最大努力向边境地区倾斜，极大地改善了边境贫困群众的生产生活条件，促进了边境贫困地区的经济社会发展。25 个边境县贫困人口由 2004 年年底的 166. 47 万人下降到 2007 年年底的 125. 44 万人，贫困人口比重由 33. 3% 下降到 24. 7%。2008 年省委省政府出台了《关于实施新三年"兴边富民工程"的决定》和《云南省"兴边富民工程"新三年行动计划（2008—2010 年）》，启动实施新一轮"兴边富民工程"。按照省委省政府关于新三年"兴边富民工程"的安排部署，省扶贫办计划三年（2008—2010 年）安排财政扶贫资金 4. 3 亿元，在边境 25 个县的沿边乡镇实施 2 864 个贫困自然村整村推进。通过整村推进、安居工程、易地搬迁、产业扶持、信贷贴息、连片开发试点等扶贫开发项目的实施，加快了边境贫困群众脱贫致富步伐。通过各类扶贫项目的实施，进一步促进了边境贫困地区的经济社会发展。2005 年以来"兴边富民工程"扶贫开发共投入 17. 28 亿元，项目覆盖了 8 个州市 25 个县，4 548 个贫困自然村直接受益，受益群众达 18. 2 万户 76. 4 万人。通过各类扶贫项目的实施，边境贫困地区总体贫困程度得到有效缓解，贫困人口数量明显减少；贫困村脱贫产业得到有效培植，村容村貌有较大改善；贫困群众自我发展能力得到有效增强，综合素质得到较大提高。

迪庆藏区扶贫开发：它为巩固云南藏区社会稳定、民族团结、宗教和谐大好局面发挥了重要作用。中央召开第五次西藏工作座谈会议后，云南省委省政府高度重视，对贯彻落实中央西藏工作座谈会和中发〔2010〕5 号文件精神作了全面部署。2001 年至 2009 年，迪庆藏区累计投入中央、省级财政扶贫资金 3. 27 亿元，上海帮扶资金 1. 79 亿元，其他社会帮扶资金 2 010 万元。切实落实了整村推进、产业扶贫、劳动力转移培训、安居工程、易地扶贫、社会扶贫、信贷扶贫等扶贫措施，贫困人口由 2001 年的 19. 1 万人下降到 2009 年的 9. 74 万人，减少了 9. 36 万人。建立和完善农村居民最低生活保障制度，进一步增强农民增收能力。

革命老区扶贫开发：它是贯彻落实科学发展观和中央关于加快革命老区开发建设的一系列指示精神，是打好革命老区开发建设攻坚战的一种扶贫模式。为尽快改变革命老区贫困落后面貌，云南省委省政府于 2007 年召开了全省老区开发建设工作会议，出台了《关于加快我省革命老区开发建设的意见》，并编制了《云南省革命老区开发建设发展规划》。省级有关部门 2008 年投入革命老区开发建设的资金达 79.72 亿元，比 2007 年有较大的增长。2009 年，仅省科技厅、农业厅、电网公司、林业厅、交通厅、广电局等 10 多个相关部门的不完全统计，就投入资金 107 亿元，比 2008 年增加 34.2%。2009 年投入革命老区县（市、区）扶贫开发资金 8.28 亿元，比 2008 年增加了 24.3%，实施了整乡推进、整村推进、易地搬迁、产业扶贫、信贷扶贫、劳动力培训转移等行之有效的扶贫措施。同时，3 年共安排专项资金 4 500 万元，整合资金 2.5 亿元，充分坚持以"三为主、三延伸、三体现"的原则，即坚持以革命老区的核心区和中心区为主，逐步向其他贫困区域延伸，以解决"三老人员"特殊困难为主，向其他贫困农户延伸，以解决安居为主向其他扶贫项目未能覆盖的项目延伸，重点解决了一批老区三老人员、贫困群众的安居房改造、科技培训、道路建设、村容村貌整治、历史遗址的修缮等特殊困难和特殊问题。

四、特殊困难群体扶贫开发

特殊困难群体扶贫开发模式是为了贯彻落实中央领导重要批示精神，以边远少数民族贫困地区的深度贫困群体和部分热点难点地区贫困人口为主要对象，以尽快解决温饱问题并实现脱贫致富为首要任务，以统筹城乡发展提高自我发展能力为工作重点，以深度贫困自然村为单元，瞄准对象、锁定目标，统一规划、明确责任，集中力量、整体推进，分类施策、分步实施，千方百计加大投入，着力加强基础产业、基础设施、基本素质、基本保障和基本队伍建设，稳定解决深度贫困人口的温饱问题，促进经济社会全面协调可持续发展。

云南特殊困难群体的主要特征是主要居住在自然条件十分恶劣的石山区或边境地区，经济和社会事业发展极为滞后，至今仍处于整体贫困状态。贫困现状集中表现为"四低""五难"：耕地占有量低、收入低、生活水平低、人口素质低；同时，饮水难、出行难、住房难、用电难、就医难"五难"问题十分突出。为了帮助这些特殊困难群体摆脱深度贫困，在过去十年期间，云南省积极组织实施《云南省农村扶贫开发纲要（2000—2010 年）》和整村推进、劳动力转移培训、产业扶贫"一体两翼"战略，着力加大农村基础设施、社会事业和生态环境建设力度，着力加大边远少数民族贫困地区扶贫开发力度，扎实开展了兴边富民工程、易地开发扶贫安居工程，扶持人口较少民族发展，200 个边境和民族特困乡综合扶贫开发，独龙江乡整乡推进独龙族整族帮扶，广大贫困地区经济发展不断加快，社会事业明显进步，群众生产生活条件逐步改善。经过近十年的努力，贫困人口从 2000 年的 10 221 万人下降到 2009 年年末的 540 万人，深度贫困人口从 3 375 万人下降到 160. 2 万人，基诺族、拉祜族（苦聪人）、布朗族（莽人、克木人）、彝族（僰人）基本实现整体脱贫，为促进边疆稳定、民族团结、社会和谐发挥了重要作用。

云南省通过高位强势推动、统一规划实施、集中力量扶贫攻坚以及发挥贫困群众主体作用，创造了具有地方特点的扶贫开发模式，提升了云南农村贫困地区的家庭收入。

第四章 影响云南农民收入的因素分析

本章从农民收入来源的四个构成部分，对其影响因素进行分类分析。

第一节 家庭经营性收入方面

一、农业生产条件差

（一）耕地资源有限

其一，受自然条件的限制，有效耕地资源少。2010年，坡度在15度以下的陡坡耕地面积为280.81万亩，只占耕地面积的45%，中低产田占耕地总面积的比例高达67.1%，全省粮食亩产不到263千克，远低于全国348千克的水平，耕地质量明显偏低。有近2/3的耕地只能靠天吃饭，平均每年农作物受旱面积占播种面积的30%，有四分之一左右的耕地受到洪水威胁，耕地质量明显偏低，如2009年云南夏粮因旱灾减产1/3。耕地有效灌溉面积仅占耕地面积的40%左右，比全国低8个百分点；高稳产农田仅占耕地面积的1/3，比全国少10个百分点。其二，受外界条件的影响，耕地面积持续减少。由于工业、交通建设、城市集镇、村庄扩张、开发区占地、农村宅地等原因，耕地占用现象异常严重。2011年统计部门数据显示，云南省耕地总面积为624.04万公顷，人均耕地面积0.1公顷，2000年的总面积为426.67万公顷，人均耕地面积0.15公顷，10年的时间耕地面积减少了200万公顷，人均耕地面积减少了50%，每年减少耕地面积3.3万公顷左右，且多为高产稳定农田和蔬菜地。其规模相当于一个中等县的耕地面积，如不及时转变建设用地方式，坝区优质耕地将进一步减少。耕地资源的急剧减少，将直接影响种植业的生产效率，进而制约农民的家庭经营性收入的增长。

（二）农业基础设施薄弱

一是农田水利设施建设仍较滞后。全省人均库塘蓄水量仅相当于全国平均水平的一半，农田有效灌溉面积仅占耕地总面积的36%，低于全国平均水平44.43%近10个百分点。2/5以上的农村人口不同程度地存在饮水困难和饮水安全问题。二是农田水利设施功能退化。全省有40%以上的水库处于病险状态，平均每年农作物受旱面积占播种面积的30%，有1/4左右的耕地受到洪水威胁。现有农田水利骨干工程标准低、配套差、老化失修，很多地方因自然灾害造成农田水利设施损坏严重，河渠淤塞，堤埂溃烂，工程效益衰减，与提高农业综合生产能力的客观需要不相适应。三是水资源的广泛利用与农田灌溉的矛盾日趋严重。大部分灌溉工程逐步"农转非"，农业生态失衡和环境污染已影响了农产品产量和质量的提高，从我省农田水利建设的整体状况看，形势不容乐观。局部地区的生态环境也在恶化。随着资源的开发和少数群众的乱砍滥伐，一些地方森林资源遭到破坏，水资源污染日益加重，生态环境受到严重威胁。

二、农村三大产业比例失衡，产业内部结构不合理

（一）第一产业内部结构不合理

在市场经济大环境下，农户面临市场信息不准、市场不明，普遍存在盲目性和趋同性。从全省范围来看，大部分地区仍然停留在传统的农业生产模式，调整速度缓慢，致使农业内部结构调整滞后于社会需求结构的变化，农业发展和农民收入增长的势头受到阻碍。2010年，全年完成第一产业总产值1 810.53亿元，农林牧渔总产值中，种植业产值为925.58亿元，同比增长8.8%，所占份额虽有小幅波动但仍占到50%以上；林业近年来发展形势良好，份额虽仅有10.17%，但增长率达16.06%；畜牧业产值为588.81亿元，占比32.52%，增长5.57%；渔业产值为48.06亿元，占比较小，仅有4.75%，增长14.54%。从2003年开始，农林牧渔服务业开始计入国家统计数据年鉴，2010年产值为63.58亿元，增长6.52%。从以上数据及图4-1来看，来源于第一产业的收入，种植业仍是主导力量；近年来林业有了较大幅度的增长，但比例仍然较小；而牧业和渔业则发展缓慢；农林牧渔服务业这一新型的产业模式也仅处于发展的初期阶段。从整体来说，第一产业的内部结构还不够合理，反映出当前农产品品种较单一、农产品市场竞争力不强、结构性富余等问题，客观上制约了农民家庭经营性收入的增加。细分来看，主要体现在以下三个方面：

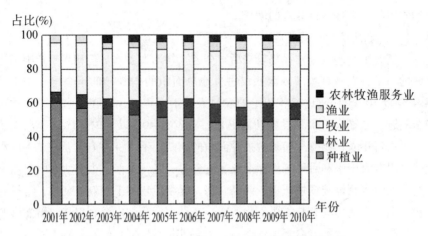

图 4-1　2001—2010 年第一产业生产总值内部构成①

一是粮食作物和经济作物结构不尽合理。2010 年，粮食作物、经济作物及其他农作物播种面积分别是 4 274 400 公顷、1 505 663 公顷、338 437 公顷。而经济作物中烤烟、甘蔗、油料和蔬菜四大作物种植面积占了大部分，花卉、天然药材、咖啡、香料等新兴特色作物比重小，对于家庭经营性收入的贡献小，而粮食作物，尽管种植面积接近 70%，但由于单产较低，只能基本满足农民口粮需要，极少部分形成商品，影响了现金收入。

二是林牧业内部结构不尽合理。林牧业仍处于"大资源、小产业、低效益"的状况，2010 年云南省林业产值为 688 亿元。近年来，云南根据自身的优势，大力发展畜牧业，畜牧业在第一产业结构中的比重与全国水平持平。2010 年肉类总产量约 321.37 万吨，比上年同期增加 8% 左右。其中猪、羊、牛肉占比达到 88.78%，特别是猪肉，产量达 242.53 万吨，增长 5%，占比达到了 75.47%。这种以猪为主的牧业结构中生猪养殖比重越大，意味着粮食消耗于养猪的比重越大，这不仅加大了粮食生产的压力，而且影响了种植结构的调整。

三是品种结构不尽合理。云南农产品有特色，但规模小，很多地方特色农产品只局限在本地，自产自销，农民得不到利益。同时，初级产品、劣质产品多，农业增产不一定增收。农业产业结构调整缓慢，导致结构不合理，使得农民无法从比较收益相对高的农业内部产业增加收入，阻碍了农民收入的增加。

此外，云南省的农业人口和少数民族人口众多，也会在一定程度上影响第

---

① 资料来源：《云南统计年鉴》（2001—2010 年）。

一产业收入。从云南省第六次全国人口普查的数据来看，普查登记总人口为4 596.6万人，其中农业人口为3 838.3万人，少数民族人口为1 533.7万人，分别占总人口的83.41%和33.37%。由于云南是高原地区，自然条件差，资源贫瘠，加上历史的原因，经济社会文化落后，特别是边疆地区特有的少数民族中有许多是从原始社会末期或奴隶社会直接进入到社会主义社会的，传统的思维方式、生产方式和一穷二白的经济基础，使很多农村至今仍然保持原有的小农经济的耕作方式。农业生产方式的落后、农业规模化程度的低下，不利于新的生产方式的转变，也在一定程度上影响了第一产业内部结构的调整，严重制约了农民家庭经营性收入的增长。

（二）农村第二、三产业发展滞后

一是投入不足。受城乡二元结构体制的影响，城乡分割的投资分配体制导致云南省在教育卫生、电力、公路、水电水利建设等基础设施建设投资方面，基本上是城乡区别对待，并实行重城市优先发展的战略。改革开放后，国家和地方并没有改变原来的发展战略，农村发展资金支出不列入公共财政支出的范围，所需的资金投入主要依靠农民自我积累和向农民集资解决，政府投入严重不足，使农民失去了不断提高收入的物质基础。

二是利益连接机制不完善，农村产业化水平低。企业和农户建立合理的利益连接机制是农业产业化经营的核心和内在动力。目前，利益连接机制不完善，已经成为云南农村产业化面临的一大难题。真正意义上的农村产业化经营要求龙头企业和农户实现风险共担、利益共享，当农户和龙头企业间出现"不对称"信息时，将直接影响到农村产业化经营的顺利进行。加之，云南省的农村经济发展落后，产业化水平较低，各经营主体之间多采取松散型联合这一初级形式，农村产业化的产业链比较短。这样一来，农民抵御市场风险的能力就会明显不足，从而动摇他们参与农村产业化经营的信心，制约农村第二、三产业的发展，影响农民增收。

第二节　工资性收入方面

一、农村城镇化滞后，乡镇企业不发达，转移规模有限

农村城镇化是促进农民增收和农村经济持续发展的根本路径。农村第二、三产业发展滞后，农村劳动力充分就业不足，农民的工资性收入就难以得到大幅度增加。2010年，云南省的城镇化率为35.20%，比2000年上升了11.84个

百分点，平均每年提高不到 1.2 个百分点（全国平均提高 1.3 个百分点），目前云南省的城镇化率仅相当于 10 年前的全国平均水平。

城镇化水平低的另一种表现就是农村乡镇企业的不发达，云南的乡镇企业发展整体上仍处于"数量少、规模小、分布散、实力弱"的阶段，自身发展能力和辐射带动能力还较弱。企业与农户间的利益关系缺乏必要的制度保障，龙头企业、中介组织、商品基地、农户之间难以形成比较稳定的产销关系，农业一体化经营水平低。同时，农民组织化程度低，大多农村经济合作组织处于弱小、分散、不规范状态，实力不强。乡镇企业发展滞后，导致农村剩余劳动力就近择业的发展空间极其有限。虽然近几年云南省农村劳动力转移有了一定的发展，从总体来看仍是总量偏小、速度缓慢，与周边省市相比仍有较大的差距。据统计，2010 年云南省农村劳动力转移就业的规模已达到 645 万人，但仅占农业人口的 17%，与四川省相比，差距很大。四川省有农业人口 6 885 万人，2010 年转移规模达到 2 002 万人，占农业人口的 29%，比云南省高出了 12 个百分点。根据刘易斯二元结构理论，二元经济发展的核心问题是传统部门的剩余劳动力向现代工业部门和其他部门转移。但由于云南省城镇化发展滞后，致使大量农民滞留在有限的耕地上，沉积在第一产业上，加之城乡分割的户籍制度对农村人口非农化的壁垒，农村剩余劳动力很难转移到其他行业，严重制约了农民获取工资性收入的机会。

二、文化素质整体偏低限制农民就业的范围

农村剩余劳动力转移的本质是劳动力向人力资源化、知识化、技能化、人才化、人才资本化的转化。虽然近年来云南省农民的总体文化素质在不断提高，但低层次文化结构的现状尚未发生明显的改变。

根据《云南省 2010 年第六次全国人口普查主要数据公报》，各文化程度人口数量和人均受教育年限同 2000 年第五次全国人口普查相比有明显提高，文盲率由 11.39% 下降为 6.03%。但同全国平均水平相比，云南省仍然存在较大差距，如图 4-2 所示，每 10 万人中，大学文化程度、高中文化程度、初中文化程度分别比全国平均水平少 3 152 人、5 656 人、6 481 人，而处于最低文化水平的小学文化程度人口超出平均水平 16 608 人。

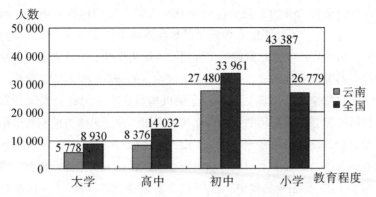

图4-2　2010年云南省与全国不同教育程度人数①

　　从外出务工农民的文化水平来看，云南省外出务工农民的文化水平主要集中在小学和初中文化水平。外出务工农民的文盲率为2.75%，小学及初中学历人员占到了87.71%，高中以上学历人员占9.54%；转移劳动力文盲率占1.39%，小学及初中学历人员占到了81.95%，高中以上学历人员占16.66%。外出务工人员的文化水平虽有所提高，但小学及初中文化人员仍然占有相当大的比重。这种低学历的状况，使得他们在进行就业选择时难度很大。

　　由于缺乏必要的就业技能，劳动力转移就只能在低层次上进行，大多数人只能从事收入不高、形式单一、技术含量低的工作，或是城镇居民不愿意从事的一些脏、苦、累的低层次工种，主要集中在建筑业、运输业、服务业（如餐饮、家政）等行业，大部分人的工资性收入情况不甚理想。文化综合素质偏低的现状，成为影响云南省农村剩余劳动力工资性收入的重要制约因素。

第三节　财产性收入及转移性收入方面

一、农村金融市场发展滞后

　　在我国居民的财产性收入中，金融财产性收入占有较大比重，而对云南省农民而言，从上章的关联度排名可以看出，金融财产性收入关联度较小。

　　首先，农村金融服务机构单一。随着国有商业银行管理权限上收，各大国有银行分支机构逐步淡出农村，云南农信社处于垄断地位。2010年年末，全省农信社贷款余额为1 612.5亿元，占全省各项贷款余额的15.43%，形成了

---

① 资料来源：《云南省统计年鉴》《中国统计年鉴》（2010年）。

农村信用社以全省15%的金融资源服务60%农村人口和地域的现象，但"一社"难以支撑"三农"，不能有效满足县域经济的整体需求。其次，金融产品种类稀少。由于农民收入总量偏低，农民收入除去生产、生活必要花费后，用于各种投资的剩余资金不多，主要局限于储蓄，而储蓄的投资收益偏低，来自储蓄收益的财产性收入不多。而农村金融机构很少有专门针对农民理财的项目，农村居民能够参与交易的金融商品相当有限。由于云南省的农村金融市场发展缓慢，金融投资渠道狭窄，股票、证券、债券等投资方式尚未延伸到农村，这些因素从一定程度上限制了农民资金财产性收入的增加。最后，农村征信体系落后。县域经济发展中，信用观念普遍淡薄。2009年，农业类贷款9 425 673万元，仅占总额的10.73%，农业类贷款比重之少，除了与农村诚信体系尚不健全有关，还因农业产业风险大、回报率低等特性，挫伤了金融资金投放的积极性，制约了对农村信贷的投入。2012年4月，时任国家总理温家宝在广西等地就经济运行情况进行调研时指出，要打破国内少数几家大银行的垄断局面，而这也是为云南省的地方性农村金融机构的发展提供了一个契机。

二、财政支农相对不足

长时间以来，由于云南省经济发展的重点在城市，使得国民收入的大部分都分配给了城市经济和工业，相比较而言，政府财政支出中用于农业发展的就比较少。云南财政支农支出主要由农林水气象等部门事业费、农业基本建设支出和农业科技三项费用三部分组成。

从总量上看，除个别年份财政支农支出有所下降，云南财政支农支出总量基本呈逐年上升趋势。与总量大幅增加的趋势不同，云南财政支农支出占财政支出的比重呈现一定程度的下降趋势。该比重由改革开放初期的15%左右跌落到1985年的11.38%，之后连续六年出现反弹，还没回升到1980年的水平又开始滑落，1992年以后一直在10%~15%之间波动。2010年比例达到14%，但全国平均水平为25%，低了11个百分点。

从结构来看，包括支援农村生产支出在内的农林水气象等部门事业费所占的比重最大，平均占总支出的82.3%；其次是农业基本建设支出，在总支出中所占的比重平均为16.7%；农业科技三项费用所占的比重较小，平均仅占总支出的1%。

财政支农总量上升缓慢，结构比例失衡，直接影响了农业生产能力的提高，农业各项基础设施无资金更新换代，从而使农民收入的增长缺少了基础性的支撑。

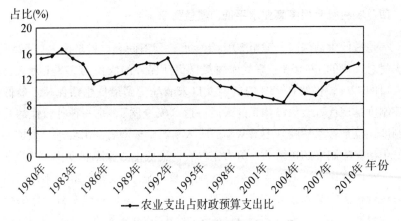

图4-3　农业支出占财政预算支出比①

三、现行土地流转制度的制约

首先，农村土地所有权主题虚位化。这其中的主要原因是农民承包地所有权的代表是"村集体"，而大多数农村地区集体经济组织已经名存实亡，这种产权主体的"虚化"状况使农民的土地承包经营权益容易受到一些"代理人"的侵犯。《中华人民共和国土地承包法》规定农民拥有土地的使用权、收益权以及农地流转权，并给予法律保护。按照产权理论，农民实际上成了农地农业用途的所有者，集体只是一个"名义所有者"。这时的产权应该说是非常清晰的，农民土地的承包经营权本来可以成为农民获取财产性收入的一个重要来源，而集体所有权的虚化使得许多农民并没有意识到土地承包经营权是自己的一项财产权利，任何土地集体所有制实现形式的创新对于农民来说都是没有实际意义的，这一点正是当今农村土地集体所有制的根本性缺陷。

其次，交易组织和中介服务组织不规范，交易规则和载体不完善。目前我国的土地使用权交易所遵循的各项法律、制度和条例等都还不完善，交易的监督管理机构也存在职能缺位，尚不能保证地产市场的正常运作。此外，在中介服务组织方面，还缺少如委托代理机构、法律咨询机构、资产评估机构、土地融资公司和土地保险公司等，在促进市场服务专业化、社会化、企业化，加快农地流转与土地资源的优化配置等方面还有很多漏洞。

事实上，集体土地产权并不明晰，交易和管理组织混乱，造成了农民的土地收益有限，在很大程度上导致农民的财产性收入缩水甚至被剥夺。

---

① 　资料来源：《云南省统计年鉴》（1980—2010 年）。

四、农村社会保障事业水平低、覆盖面窄

一是最低生活保障。截至 2010 年年底，云南尚有农村贫困人口 525 万人，占农村总人口的 17.16%；享受农村最低生活保障的农民为 378.1 万人，占贫困人口的 72%，仍然有 28% 的贫困人口未能享受到最低生活保障。最低生活保障制度是现代社会保障体系的最后一道"安全网"，是一种补救性的社会保障制度，也是转移性收入中最基本的收入来源。云南省还需要进一步扩大农村最低生活保障制度的覆盖面，努力完善农村最低生活保障制度。

二是医疗保障。据卫生部公布的统计数据显示，截至 2010 年，云南省新型农村合作医疗基金累计支出总额为 43.5 亿元，参加新型农村合作医疗的农民为 3 412.15 万人，参合率达 95.29%，仅比 2009 年提高 2 个百分点。健康需求是农民的基础性需求之一，医疗保障由此成为农民最需要的保障项目之一。

三是养老保障。随着农村青壮年人口向城市流动，云南省农村的家庭养老功能在急剧弱化。截至 2010 年年底，参加农村养老保险的人数为 648.62 万人。但农村养老保险开展并不顺利，云南省除国务院批准的 13 个试点县外，"自费"增加了 3 个省级试点县，每个州市仅有一个试点县，保险覆盖的范围还比较窄，没有铺开。

此外，云南省的农村扶贫资金缺口巨大。云南省有国家级扶贫开发重点县 73 个，居全国第一，省级重点贫困县 7 个，农民人均年收入为 3 369 元，排全国倒数第 3 位。按照每村补助 15 万元的标准，云南已完成 3 万个贫困自然村的整村推进，但还有 4 万个贫困自然村、525 万贫困人口因资金缺口无法纳入省级整村推进规划。更为重要的是，自分税制改革后，免除了农民的相关税收，地方县级财政收入大为减少，社保运行缺少保障。由于云南省的农村经济发展水平长期相对较低，农民可支配收入相对较少，在这个基础上建立起来的社会保障，只能是一种低水平的社会保障，保障作用十分有限，没有形成一个完整的体系。农村的社会保障做不好，不仅会影响农民的转移性收入，更会产生连锁反应，对增加农民各类收入都极为不利。

第五章　云南农民收入结构的
灰色关联度分析

在对云南省农村家庭收入及其结构变动状况进行分析与总结的基础上，本章将进一步就农民收入的内部各因素与收入的关联程度大小进行分析，进一步验证影响农民收入的最主要因素。

第一节　方法的选取及数据来源

一、方法的选取

灰色关联理论是由我国著名学者邓聚龙教授于 1982 年首先提出的一种系统科学理论，是根据系统内各因素发展变化的相似程度，来判断因素之间关联程度的一种新的分析方法。

对两个系统或两个因素间关联性大小的量度，称为关联度。关联度描述了系统发展过程中因素间的相对变化情况，即变化的大小、方向与速度等的相对性。如果二者在发展过程中，相对变化基本一致，则认为两者关联度大；反之，关联度就小。在对因素分析的方法中，主要运用的是数理统计方法，如回归分析，但回归分析通常又存在要求数据丰富、分布的线性、计算工作量大等不足之处。而灰色关联度法在实质上是对发展态势的量化比较分析，是对系统历年来有关统计数据几何关系的比较，具有少量数据、计算量小、不需要典型的分布规律及多因素分析的特点，试图通过一定的方法，寻求系统中各因素之间的主要关系，找出影响目标值的重要因素，从而掌握事物的主要特征，促进和引导系统迅速而有效地发展，弥补了一般统计回归分析的不足。

二、数据资料来源

本书基于云南省农民人均纯收入的来源构成，从家庭经营性收入、工资性收入、转移性收入和财产性收入四个指标的内部构成选取了 11 个因素，受《统计年鉴》统计口径的不同的限制，选择了近 5 年的数据。具体如表 5-1 所示。

表 5-1 　　　　　　　云南农民纯收入及其结构表[①]　　　　　　单位：元

项目	2006	2007	2008	2009	2010
农民人均纯收入	2 250	2 634	3 103	3 369	3 952
农业	1 028	1 222	1 355	1 514	1 598
林业	187	207	223	249	378
牧业	260	322	394	317	324
第二产业	26	31	36	35	47
第三产业	130	126	145	159	168
本地务工	287	356	409	453	594
外地务工	80	88	121	140	230
利息、集体、租金	24	44	54	70	91
土地征用转让	38	31	44	50	64
赠送、寄回、赡养	20	23	23	27	40
社保、救济	20	25	48	61	72

第二节　实证分析过程

本书利用灰色关联分析法，来判断因素之间的关联程度。其具体计算步骤如下：

（1）确定参考数列和比较数列

反映系统行为特征的数据序列，称为参考数列。影响系统行为的因素组成的数据序列，称为比较数列。

参考数列为：$x_0(k) = (x_0(1), x_0(2), x_0(3), \cdots, x_0(k))$

---

① 资料来源：《云南省统计年鉴》（2006—2010 年）。

比较数列为：$x_i(k) = (x_i(1)，x_i(2)，x_i(3)，\cdots，x_i(k))$

其中，$k = 2\,006，2\,007，\cdots，2\,010；i = 1，2，\cdots，11$。

$x_0(k)$ 为云南省农民人均纯收入，其中，k 为年限，$x_1(k)$，$x_2(k)$，$x_3(k)$，$\cdots$，$x_{11}(k)$ 分别为种植业收入，林业收入，牧业收入，第二产业收入，第三产业收入，本地务工收入，外地务工收入，利息、集体、租金收入，土地征用转让收入，赠送、寄回、赡养收入，社保、救济收入。

（2）原始数据变换

由于原始数据的量纲不一定相同，致使数据在数量上的差异性很大，这样在比较时就难以得到正确的结果。为了进行关联分析，保证原始数据的统一性，因此需要对原始数据进行变换，作无量纲化处理。本书采用均值化方法对原始数据进行处理。均值化处理是指对一个数列的所有数据均用它的平均值去除，从而得到一个新数列的方法。

初值化：$x_i(k) = x_i(k) \div x_i(2\,006)$

其中：$k = 2\,006，2\,007，\cdots，2\,010；i = 1，2，\cdots，11$。

原始数据初值化处理结果如表 5-2 所示。

表 5-2　　　　　　　　原始数据初值化处理结果

项目	2006	2007	2008	2009	2010
$x_0(k)$	1	1.170 7	1.379 1	1.497 3	1.756 4
$x_1(k)$	1	1.188 7	1.318 1	1.472 8	1.554 5
$x_2(k)$	1	1.107 0	1.192 5	1.331 6	2.021 4
$x_3(k)$	1	1.238 5	1.515 4	1.219 2	1.246 2
$x_4(k)$	1	1.192 3	1.384 6	1.346 2	1.807 7
$x_5(k)$	1	0.969 2	1.115 4	1.223 1	1.292 3
$x_6(k)$	1	1.240 4	1.425 1	1.578 4	2.069 7
$x_7(k)$	1	1.100 0	1.512 5	1.750 0	2.875 0
$x_8(k)$	1	1.833 3	2.250 0	2.916 7	3.791 7
$x_9(k)$	1	0.815 8	1.157 9	1.315 8	1.684 2
$x_{10}(k)$	1	1.150 0	1.150 0	1.350 0	2.000 0
$x_{11}(k)$	1	1.250 0	2.400 0	3.050 0	3.600 0

（3）求差序列

计算参考序列 $x_0(k)$ 与比较序列 $x_i(k)$ 的差序列。

差序列：$\Delta_{0i}(k) = |x_0(k) - x_i(k)|$，$\Delta k = 2\,006，2\,007，\cdots，2\,010；i = 1$，

2, …, 11

差数列处理结果如表5-3所示。

表 5-3 差数列处理结果

项目	2006	2007	2008	2009	2010
$x_0(k)$	0	0	0	0	0
$x_1(k)$	0	0.018 0	0.061 0	0.024 6	0.202 0
$x_2(k)$	0	0.063 7	0.186 6	0.165 8	0.264 9
$x_3(k)$	0	0.067 8	0.136 3	0.278 1	0.510 3
$x_4(k)$	0	0.021 6	0.005 5	0.151 2	0.051 2
$x_5(k)$	0	0.201 4	0.263 7	0.274 3	0.464 1
$x_6(k)$	0	0.069 8	0.046 0	0.081 1	0.313 2
$x_7(k)$	0	0.070 7	0.133 4	0.252 7	1.118 6
$x_8(k)$	0	0.662 7	0.870 9	1.419 3	2.035 2
$x_9(k)$	0	0.354 9	0.221 2	0.181 5	0.072 2
$x_{10}(k)$	0	0.020 7	0.229 1	0.147 3	0.243 6
$x_{11}(k)$	0	0.079 3	1.020 9	1.552 7	1.843 6

（4）求参考序列与比较序列的最大值与最小值

$\Delta_{max} = \max\{\Delta_{0i}(k)\}$，$k = 2\,006,\ 2\,007,\ \cdots,\ 2\,010$；$i = 1,\ 2,\ \cdots,\ 11$

$\Delta_{min} = \min\{\Delta_{0i}(k)\}$，$k = 2\,006,\ 2\,007,\ \cdots,\ 2\,010$；$i = 1,\ 2,\ \cdots,\ 11$

由表4-3找出，$\Delta_{max} = 2.035\,222$，$\Delta_{min} = 0$。

（5）计算灰关联系数

$\zeta_{0i} = \dfrac{\Delta_{min} + \rho\Delta_{max}}{\Delta_{0i}(k) + \rho\Delta_{max}}$，其中，$\rho$ 为分辨系数，$\rho \in (0,\ 1)$，本书取 $\rho = 0.5$，$k = 2\,006,\ 2\,007,\ \cdots,\ 2\,010$；$i = 1,\ 2,\ \cdots,\ 11$。

灰关联系数如表5-4所示。

表 5-4 灰关联系数表

项目	2006	2007	2008	2009	2010
$x_1(k)$	1	0.982 6	0.943 4	0.976 4	0.834 4
$x_2(k)$	1	0.941 1	0.845 0	0.859 9	0.793 4
$x_3(k)$	1	0.937 5	0.881 9	0.785 4	0.666 0
$x_4(k)$	1	0.979 2	0.994 6	0.870 7	0.952 1

表5-4(续)

项目	2006	2007	2008	2009	2010
$x_5(k)$	1	0.834 8	0.794 2	0.787 7	0.686 8
$x_6(k)$	1	0.935 9	0.956 8	0.926 2	0.764 6
$x_7(k)$	1	0.935 1	0.884 1	0.801 1	0.476 4
$x_8(k)$	1	0.605 6	0.538 8	0.417 6	0.333 3
$x_9(k)$	1	0.741 4	0.821 4	0.848 6	0.933 7
$x_{10}(k)$	1	0.980 1	0.816 2	0.873 5	0.806 9
$x_{11}(k)$	1	0.927 7	0.499 2	0.395 9	0.355 7

（6）计算关联度

关联系数的数很多，信息过于分散，不便于比较，因此有必要将各个时刻的关联系数集中为一个值，即可以通过计算各个时刻关联系数的平均值来反映全过程的关联程度。关联度的一般表达式为：

$$r_{0i} = \frac{1}{n}\sum_{k=1}^{n} \zeta_{0i}(k) = \frac{1}{5}[\zeta_{0i}(2\,006) + \zeta_{0i}(2\,007) + \cdots + \zeta_{0i}(2\,010)], \quad i=1,$$

2，…，11

云南省农民人均纯收入主要因素的关联度系数分析结果与排序如表5-5所示。

表5-5　影响云南省农民人均纯收入主要因素的关联系数排序表

排序	项目	关联度
1	种植业 $x_1(k)$	0.959 301
2	第二产业 $x_4(k)$	0.947 364
3	本地务工 $x_6(k)$	0.916 695
4	赠送、寄回、赡养 $x_{10}(k)$	0.895 347
5	林业 $x_2(k)$	0.887 891
6	土地征用转让 $x_9(k)$	0.869 039
7	牧业 $x_3(k)$	0.854 165
8	第三产业 $x_5(k)$	0.820 682
9	外地务工 $x_7(k)$	0.819 328
10	社保、救济 $x_{11}(k)$	0.635 690
11	利息、集体、租金 $x_8(k)$	0.579 075

第三节　实证分析结论

从表5-5中可看出，各因子对农民人均纯收入影响大小的排序为：种植业>第二产业>本地务工>赠送、寄回、赡养>林业>土地征用转让>牧业>第三产业>外地务工>社保、救济>利息、集体、租金。

影响云南省农民人均纯收入的主要因素仍然是家庭经营性收入中的种植业收入，关联系数达到0.959 301，居各要素之首，是影响云南省农民人均纯收入的主导因素。这是因为云南得天独厚的自然资源和天然条件，有利于开发优势特色农产品。排在第二位的是第二产业收入，主要包括工业收入和建筑业收入，从前述的分析也可以看出，此项收入虽然在农民人均纯收入中所占份额较小，但增速明显，有很大的发展潜力，若加大投入力度，对于农民纯收入的拉动力也不容小觑。第三位是本地域务工收入，表明随着云南省乡镇企业的快速发展，吸收了大量的农村剩余劳动力，从一定程度上增加了本地工资性收入。第四位是赠送、寄回、赡养收入，说明了云南省农村人口老龄化严重，随着青壮劳动力的大量转移，这项收入会越来越大。第五位是林业收入，云南是多山地区，林业资源丰富，林业的发展应该是农民增收的重要源泉。排在中间的土地征用转让、牧业、第三产业和外出务工收入，关联度居中，是今后须加强投入力度的部分。排在最后两位的社保、救济和利息、集体、租金的关联度仅为0.635 690、0.579 075，与前9项相差较大，反映出农村社保和救济的公共事业部分的弱态。农村金融体系的发展滞后，影响了农民纯收入的增加，这也是政府部门今后须大力发展的方面。

第六章 优化云南农民收入结构的实现途径

第一节 家庭经营性收入的优化途径

一、加快农村产业结构调整

（一）以第一产业为主导，发展特色优势农产品

粮食作物、烟、茶、糖、胶是云南的传统产业，这些产业的发展壮大给农民带来了一定的经济效益和收入。但是单一的经济产业并无法惠及和覆盖全部农民，也无法抵抗种种风险和压力。近年来涌现的一些具有农业区域特色的新兴特色产业具有一定的比较优势，并已形成一定规模，逐步成为云南农业的主导产业。在保证粮食等传统产业的正常发展的前提下，引导发展壮大这些产业，能够为云南农民增收提供广阔的产业支撑，成为农民增收致富的主要来源和渠道。

（1）种植业。云南省的特色种植业不同于以往的农作物种植业，它们的循环周期短，风险相对较小，与市场的需求相吻合，可为农民带来较高的经济效益。

第一，花卉产业。云南省由于特殊的环境地理特征，具有优越的花卉产业发展条件。花卉产业不仅能带来较高的经济效益、社会效益，同时还有明显的生态效益，被称为"黄金产业"。但云南花卉产业还处在低水平、小规模的阶段，难以与市场对接。具体建议如下：首先，把种植交给农民，开设花卉种植培训课程，提高农民种植水平；其次，把销售交给企业，使花农与企业的利益达到最大化。如"斗南花卉合作社"模式，花农以社员身份加入，把产品提供给合作社，交易资金统一核算后再实行利益分配，使单家独户的小生产变成

联合经营的大生产，保证农民的利益。

第二，无公害蔬菜产业。云南气候跨越从北热带到北温带的七个气候带，这种"立体气候"造就了云南蔬菜鲜明的品种优势和季节优势。云南省的蔬菜作物平均亩产值大约相当于大田作物平均亩产值的 2.76 倍，且生产周期短、见效快、经济效益高。因此，要提升农民的经营性收入，发展这一产业便是捷径。首先，充分发挥云南省农村富余劳动力较多的优势，降低生产成本，提高与其他地区的竞争能力。其次，利用气候优势，发展冬春早菜和夏秋补淡蔬菜，重点发展根茎、叶菜、茄果、葱蒜等优势品种，以及具有市场前景的野生蔬菜。

第三，天然药物产业。云南得天独厚的地理环境和复杂多样的气候条件，孕育着十分丰富的药用资源。如文山三七、昭通天麻、云获苓、红河灯盏花等云南特有的珍贵药材的规范化种植示范面积达 2 万多亩，辐射带动农户 10 多万户，种植面积达 20 多万亩，已成为区域发展特色产业的亮点。因此，天然药物的种植是云南山区和少数民族地区农民增加收入的重要渠道。

（2）畜牧业。畜牧业是带动云南农村农业发展的中轴产业，向前可以带动种植业，向后可以带动食品、皮革、毛纺、饲料等关联产业的发展，促进农业结构合理化和产业间的良性循环。云南山区多，无论是丰富的饲料作物，还是优质的牧草基地，都为发展草食禽畜提供了有利的先天条件。在规模上，可以引导民营资本，加快形成以专业大户为主体的规模养殖格局，或大力推行以专业乡、专业村为主体的专业户规模连片养殖；在品种结构上，充分利用云南有利资源，稳定生猪、家禽、奶牛、牛肉、肉羊的供给，创立特色品牌，如宣威火腿、宜良烤鸭、武定壮鸡等。

（3）林产业。云南 94% 的面积是山区，60% 的土地为林地，80% 的人口生活在农村，林产业潜力巨大、优势突出。不断崛起的林产业已成为加快云南省山区农民脱贫致富的重要途径：如今已形成覆盖云南中部和北部区域的核桃产业带；南部地区的八角和澳洲坚果产业带；金沙江上游地区的油橄榄产业带；滇西的果梅、青刺果、酸木瓜产业带；滇东北的花椒产业带；滇西南的滇皂英和棕榈产业带。培育和发展这种生态建设与产业发展的良性互动的林产业，利用资源优势和充裕的劳动力资源，使之成为促进经济增长、农民增收的新亮点。

（二）以农村集体经济的形式，大力发展农村第二、三产业

大力发展农村集体经济。在农村，集体经济如同其他经济一样，在转移农村富余劳动力、拓宽就业渠道等方面发挥着重要的作用，也是增加农民收入的一个重要内容。为此，发展云南农村非公有制企业，应实行"走出去，请进来"的办法。一方面，要"走出去"，即通过学习国内、国外成功的经验，融

会贯通，为己所用。另一方面，要"请进来"，通过招商引资、滇沪合作等加快云南农村乡镇企业发展，利用"生产—加工+贸易等产业化经营模式"，延长农村产业链，增加农产品的附加值。同时，进一步扩大和开放个体私营等非公有制的经营范畴，而对合法经营的农村流动性小商小贩，除国家另有规定外，适当免于工商登记和收取有关税费，有利于农民在农村第二、三产业领域自谋职业、增加收入。

坚持加快以旅游业为重点的第三产业的发展。云南现阶段的农村第三产业，主要集中于一些低水平、传统的商业饮食服务业和交通运输业，以及一些推动农村城市化的第三产业，旅游业、金融业、信息服务业等发展后劲不足。而其中，旅游业是云南省最具条件、发展潜力最大的产业，云南省有着丰富的自然资源、多民族的民俗文化和独特的气候条件，与西部其他地区相比具有得天独厚的优势。

首先，因地制宜地发展当地特色的农村生态旅游，如田园风光游（曲靖罗平油菜花海、红河哈尼梯田、云南高原葡萄园、蒙自万亩石榴园等）、自然山水游、民族风情游、边境旅游等。这不但可吸收当地一部分劳动力，还可有效带动农村旅游工艺产品和其他产业发展。其次，以农民为经营主体，以农村当地特色资源为依托，开发与当地居民自身的优势相结合的旅游产品，如他们与生俱来的少数民族的风土民情。发展旅游业能够充分利用这些优势为当地农村带来经济利益，同时还能够有力地带动交通运输、城市建设、商业服务等相关产业的发展，为大量吸纳农村富余劳动力、扩大就业、增加农民收入创造良好的条件。

二、完善农村基础设施建设

农村基础设施的建设直接关系到农民家庭经营性收入的提高。首先，从投入方面来说，中央和云南省地方财政应继续加强对农村、农业相关基础设施建设的投入力度，保持合理的投资规模，使农村基础设施得到改善。其次，提高抗旱能力，开展以加强水利设施为重点的农田基本建设。坚持把节水灌溉工作放在突出位置，根据云南省水资源严重短缺的实际情况，加快河流整治，搞好水利设施的配套建设和管理，提高防汛抗旱能力。农村的基础设施建好了，才能将自然灾害对农业生产的损害降至最低程度，农民的农业生产才更有保证，才能在有限的土地资源上提高生产率，最大限度地化解云南省土地等自然资源的短缺困境。

第二节 工资性收入的优化途径

一、努力提高农村劳动力素质，增强农村劳动力就业适应能力

劳动力素质是决定农村劳动力转移的重要因素，无论是向非农产业转移，还是产业结构调整，都与农民素质息息相关。因此，要增加农民的工资性收入，就要提高他们的就业能力与水平，更进一步来说提高农民科学文化素质就是要靠教育的投入与教育水平的提高。农村教育的普及和推进，需要多角度、多层次、多方面同时进行：一是从基础抓起，普及九年制义务教育；二是发展成人学历教育，降低农村剩余劳动力的就业难度；三是发展农村的职业技术教育，以适应市场经济的需要及农村实际需要；四是改善农村基础教育条件，并培养一支高素质的教育队伍，缓解教育队伍人才流失严重的问题。只有广大农民的素质提高了，观念转变了，竞争力提高了，才能适应市场经济发展的需要，才能加快富余劳动力转移的步伐，农民增收也才能变为现实。

二、加快乡镇企业发展和户籍制度改革，促进农村剩余劳动力转移

通过城镇化解决农村剩余劳动力的问题，就是要大力实施农村城镇化战略。

首先，应当制定优惠政策，加快乡镇企业发展，实现规模经济。把当地已经发展起来的布局分散的地方乡镇企业从农村逐渐向县城和发展条件较好的小城镇的工业开发区转移，形成规模经济。乡镇企业集聚后，便于降低城镇基础设施的建设成本，同时还能有效地降低企业之间的人才、技术、资金等信息的交流成本，以此使乡镇企业获得外部经济效益。

其次，加快户籍制度改革的步伐，消除转移障碍。现行的二元户籍制度，使得农民与市民在就业、工资、住房和子女上学等方面存在明显的不平等，导致农村劳动力在城镇就业成本大且就业没有保障。促进农村劳动力向城镇转移发展，最根本的就是要消除城乡居民两种身份制度，降低进城门槛，取消一切限制农民进城务工的政策和限制性障碍，使农民拥有与城市人口平等的发展机会，享受同等的公共服务，得到与城镇居民一样的公正待遇，从而彻底解决农村、城市曾一度出现的对于劳动力的供求不平衡的矛盾，使农民能够通过非农就业增加收入。

三、培育城乡统一的劳动力要素市场，建立多元化市场中介组织

随着经济体制改革的不断发展，传统的城乡分割的劳动力市场已难以适应劳动力资源的优化配置，必须培育和发展城乡统一的劳动力要素市场，建立多元化的市场中介组织。

一是建立政府帮扶组织。政府工作的基本职能是公共服务职能，将提供劳务信息服务纳入行政管理。有组织、有秩序地组织农民外出务工，特别是"订单输出"，提高输出率；同时，为外出务工农民建立记录档案，进行跟踪服务，保证农民收益的同时也要保障他们的利益不受到损害。二是鼓励建立中介机构，培育农村劳务经纪人。一方面，通过政府资助的方法，以职业介绍机构为中介，构建向街道、乡镇、工业区和省外延伸的劳动力信息网络，防止流动的盲目性。另一方面，鼓励和培育一批农村的劳务经纪人，有组织地输出当地的农村剩余劳动力。同时，通过培训的办法，加快提高输出劳务人员的职业技能、法律知识，增强其在就业过程中的自我保护能力，充分利用农村劳务经纪人的作用，采取政府组织与自发输出相结合，拓宽农村劳务市场，提高输出效益，解决云南农村剩余劳动力问题，增加农民工资性收入。

第三节　财产性和转移性收入的优化途径

财产性收入和转移性收入这两部分收入虽然在农民收入中所占比例较小，但亦不可忽略，不断提高农民财产性和转移性收入可以有效缓解家庭经营收入增长不足和工资性收入增长缓慢带来的压力，可以进一步提高农民收入的整体水平。况且，多渠道增加农民收入可以削弱对自然因素的依赖性，缓解因自然灾害等不可抗拒因素造成的农民收入减少的压力。

一、深化农村金融体制改革，发挥合作金融支农作用

目前，对于云南省来说农村信用社在农村金融方面发挥的作用不可小觑，进一步提升云南省农村信用社支农的实力和水平，是农村金融工作的重中之重。

第一，加快农信社产权制度改革，明晰产权关系。云南省农信社的产权制度非常复杂，信用社股金有信用社职工股、农民社员股、国家股、法人股和乡村集体股等。要解决信用社内部积累和历年亏损分配，必须明确信用社的产权问题。第二，加强内部管理，强化约束机制，增加业务品种，提高服务水平。由于云南省农村经济长期处于滞后状态，金融对经济的支持作用体现得并不充

分，而且信用社本身对内部控制不够重视，加大了运营风险。因此，要以建立健全云南农信社内部控制制度为核心，完善金融产品的品种，使其不仅成为为三农提供信贷服务的融资机构，而且成为农业产业、科技与金融相结合的信息中心，满足农民对于财产性收入的需求。第三，提供政策优惠。借鉴国内外农村合作金融经验，对以服务"三农"为宗旨的偏远地区农信社通过免征利息税、适当降低营业税、所得税税率、减少存款准备金、放松利率管制等途径进行必要的扶持。通过以上方式，以农信社为切入点，完善云南农村金融体制，提高农民财产性收入。

二、保障土地流转过程中的农民权益

当前多数地区农地流转收益低，而且缺乏农地流转收益增长机制，阻碍了农民分享未来土地收益增加的成果，严重抑制了参与流转的农民的财产性收入的增加。因此，不仅要从法律和制度上保障外出务工农民对其承包地的权益，更要完善农村土地流转机制，确保农民财产性收入与农村土地价值同步增长。此外，要建立有效的农业经济合作组织，提高农民在政府决策中的话语权。由于中国农民和农业企业处于一种自由、松散的状态，在政府决策中处于弱势地位，在农村土地流转的过程中侵害农民利益的事件时有发生，因此建立农业经济合作组织对推动农地流转和保障农民收益具有重要意义。

三、创新和完善农村社会保障机制

建立贫困农民社会保障立法体系，完善农村最低生活保障制度，强化政府在社会保障中的投入、管理和监督责任，实现包括养老保险、医疗保险、工伤保险、社会救助等社会保障体系在内的全覆盖，使贫困老人有人养，贫困病人看得起病、有地方医治，失业者有救济等。

此外，还要完善扶贫资金投入管理体系，坚持"政府主导，社会参与，自力更生，开发扶贫"的方针，以政府投入为引导，动员企业、农民、社会其他力量千方百计增加扶贫资金投入。为了避免"低收入均衡陷阱"的出现，政府要在控制人口过快增长的基础上，建立财政扶贫资金长效机制，并引导全社会增加扶贫投入。扶贫资金要进一步向边远、少数民族、贫困地区倾斜，要鼓励在贫困地区开展村镇银行、小额贷款公司以及新型农业保险试点，扩大扶贫信贷规模。管理上，应建立健全扶贫资金管理体制，加强扶贫资金的集中管理、投放重点和绩效考评制度，提高其使用效率。提高农村社会保障覆盖率及保障水平，逐步建立和完善适合云南省特点的农民社会保障制度，对于提升农民转移性收入具有关键性的作用。

Ⅱ 专题调查研究篇

第七章　专题调查案例

第一节　曲靖市样本点家庭收入调查案例

一、曲靖市麒麟区牛街社区居民收入调查分析

为了更深层次地了解曲靖市不同地区居民家庭收入情况，除了调查以住房出租为主要收入来源的金江社区外，根据家庭收入的主要构成部分，2015 年课题组选取的主要对象为曲靖市麒麟区益宁街道办事处牛街社区第四村民小组。此次调查的方法除了采取访谈形式外，还加以随机入户调查、问卷辅助的形式展开。结合该社区的具体情况，课题组第一时间掌握了不同家庭收入构成的相关信息，通过归纳总结，分析处理相关数据，将牛街社区第四村民小组的基本情况做如下介绍。

（一）牛街社区基本情况概括

曲靖市麒麟区益宁街道办事处牛街社区总共下设 6 个村民小组，全社区总人口为 5 740 多人。其中，该社区村民小组人口数超过 1 000 人的有 3 个。第四村民小组目前有 150 多户农户，大约 550 人。据了解，该社区现阶段可耕作的集体土地大约有 15~20 亩。项目投资建设占据了农民大量的土地，仅曲靖市麒麟区职教中心就征用了 40 多亩土地，加上该社区居民新区规划用地，现在除了以上集体剩余土地外，该地区农民都变成失地农民，每家现在仅存的就是几分菜地而已。

通过整理分析材料可知，当地部分农民可以选择承租集体土地从事农业生产，但由于农业生产成本投入多、周期长、风险大等原因，当地农民都不愿意再从事农业活动。那么该社区居民家庭的收入主要依靠什么呢？通过深入了解发现，该社区居民的收入来源主要是务工收入，当地也变成以依靠务工来增加收入的典型。据悉，虽然有部分年轻人选择到外省务工，但是当地居民绝大多

数还是选择留在家乡打工，外出务工的情况不太突出；务工收入的形式也多种多样，有进城务工的，有自己搞加工的，尤以小型作坊居多。虽然居民新区规划楼房已步入施工阶段，但该社区现如今依然还有部分老村未拆迁，这部分旧村是否要被拆迁，将视地区今后的发展而定。

（二）牛街社区居民收入情况

1. 该社区居民收入形式

案例1　何大哥家庭收入来源

何大哥家中除了自己，还有妻子加两个小孩共四口人，家里除了少量的菜地，已经没有土地。家里经营一个粮食营销店，主要业务是收购粮食加工成饲料，再进行大宗或者零售交易。何大哥自家有一辆大货车，主要是帮助别人运输货物；其妻白天自己开家里的出租车挣钱，晚上又把自家的出租车出租给别人使用。家里的房屋由于近两年经济不景气，很难出租出去，基本都是自己使用。

案例2　雷大爹家庭收入来源

雷大爹家中没有土地，自己是刚从社区退休下来的村小组副主任，现在每天的工作是为自己家人做后勤服务。家里的张大妈在社区从事环卫工作，每月有800元收入；儿子因为有技能，主要靠从事室内装修工作挣钱；儿媳在市区自己经营发廊赚钱。

案例3　王大哥家庭收入来源

王大哥家中无土地，自己常年在社区的警务室工作，妻子在市区酒店从事餐饮服务工作。

案例4　小型作坊收入来源

据了解，当地小型作坊有从事豆腐加工的，有从事铁制品加工的，还有从事煤渣加工的，其中近几年制件制管的个体经营者居多。个体经营户一般都是在自己家里办厂加工，自家几口人就可以胜任工作，若规模稍大些，则雇用少量的工人。

通过随机走访得出的结论是：牛街社区居民的收入主要靠务工为主，务工的形式多种多样，其中小型作坊的个体经营者居多。除此之外，当地居民还主要从事交通运输行业、服务行业、建筑行业等，总体来说，当地居民都能够找到一份适合自己的职业来获取收入。除此之外，该社区居民根据土地的占地面积每年获得国家的粮种补贴，医疗保险每年也由集体统一缴纳，虽然不可以兑换成现金，但是在遇到重大伤残或者疾病时，可以直接使用。而且近几年医疗费用的报销比率也较高，老百姓不用再为就医问题犯愁。

2. 社区居民劳务收入

案例 1 何大哥家庭收入统计

何大哥家庭收入统计表如表 7-1 所示。

表 7-1　　　　　　　　　　　何大哥家庭收入统计　　　　　　　　　单位：元

来源	货运收入	客运收入	客车出租收入	铺面经营收入
金额	3 000~4 000	2 500~3 000	1 500	1 000

何大哥家庭收入来源占总收入的比重情况如图 7-1 所示。

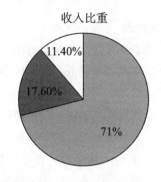

图 7-1　家庭收入来源占总收入的比重

何大哥家庭支出统计表如表 7-2 所示。

表 7-2　　　　　　　　　　　何大哥家庭支出统计　　　　　　　　　单位：元

支出去向	日常饮食	生活水电	子女教育
支出金额	600~700	400~500	1 000~1 500

根据何大哥家的收支情况统计可以得出如下结论：其家庭务工收入来源相对多样化，其中运输收入占了家庭总收入的 71%；作为辅助收入的客车出租和铺面自营收入也达到将近 30%。从收入来看，该家庭每年的收入还是比较可观，据何大哥说，他们自己家的收入要比单纯出去工作赚到的钱多。何大哥家庭支出主要用于日常餐饮开支、家庭的水电费和孩子的教育费用。其中，家里仅一个孩子上学的开支就相当于家庭饮食和水电费的总和支出。

案例 2 雷大爹家庭收入统计

雷大爹家庭收入统计表如表 7-3 所示。

表 7-3		雷大爹家庭收入统计	单位：元
来源	环卫收入	装修收入	个体经营
金额	800~1 000	3 000~4 000	1 500~2 000

根据雷大爹家的情况统计：家里的收入来源大部分靠儿子的收入，儿子因为掌握了一定的技能，收入自然高一些。虽然张大妈和儿媳的收入不高，但是还算比较稳定。家里除了部分蔬菜外，其他大部分日常消费品都可以在社区农贸市场购买，每月的生活消费也在 500~600 元，其中家里孙女的初中教育费用每月达 400~500 元。

案例 3　蜂窝煤加工个体经营

据实际参观了解，当地从事蜂窝煤加工的共有四户，且都是外来个体经营户。当地的农户介绍，蜂窝煤加工成本较低，盈利较多，每年每户大概可以收入 10 万元。

根据社区几户农户的收支情况可以看出：虽然都依靠务工收入，但是务工形式也多种多样，收入的多少和从事的行业密切联系。一般来说，交通运输业和建筑装修行业收入稍高，从事的多为男性；女性一般从事工作强度小的行业，收入稍低。如果家里有孩子上学，开支将大大增加，尤其是高中教育，在各方面都需要较大的支出。

牛街社区第四小组男女务工收入大致变化情况如表 7-4 所示。

表 7-4	牛街社区第四小组男女务工收入大致变化	
	收入（元/天）	
	2014 年	2015 年
男性	120~150	100~120
女性	80~100	70~80

最近两年由于市场经济萧条，从男女性工资的变化可以看出，务工农民的收入波动较大，工作也不稳定。很多居民不能保证每天都能有收入。

（三）牛街社区居民收入问题及解决途径

1. 居民收入不稳定，变动性较大

依靠务工来增加收入的农民，不像市区有稳定工作的市民，每天都可以按时上下班，有固定的工作与非工作时间界限；也不像以出租房屋为主的其他社区居民，不用花太多时间经营管理就可以获得收入。以务工来获取主要收入的牛街社区居民，据了解，无论男女都很难长期找到一份稳定的、报酬满意的工作。因此，工作的不稳定导致了当地社区居民的不稳定。

解决途径：灵活的工作时间虽然可以让人们更好地安排自己的事务，但是从长期来看将不利于人们收入的增加。例如在曲靖市麒麟区茨营镇在大棚工作的农民，如果每月出勤率高，每天的报酬都比其他人高。所以，选择工作时尽量从长远考虑，可以长期合作的坚持做，保证自己每天都有收入。

2. 收入渠道单一，增收困难

牛街社区当地没有什么大型企业带动，有的农户有房出租出不去，即使勉强有几个人租房，房租也偏低。租客住几周就搬走，流动性较大。目前租房收入对于当地居民来说还比较少。

解决途径：政府应积极帮忙招商引资，引导大企业进驻该地区。这样一方面农户可以依靠出租房屋获得收入；另一方面，农户可以就近长期稳定就业。保证有多样化的收入来源，农民增收就不会那么困难。

3. 缺乏专门的技能技巧，就业处于劣势地位

该社区的农户以前多数是农民，科学文化素质偏低，单纯依靠劳力已经无法适应当今的劳动力市场需求。即使勉强求得一职，要么工作辛苦，要么工资低、待遇差。如何解决务工农民这个窘迫的问题呢？

解决途径：加强科学文化知识的学习，努力提升自己的技能。现在的劳务市场虽然处于供过于求的局面，但是各类专业人才处于虚缺状态。因此，针对现代劳务市场的需求，选择自己感兴趣的方向，争取使自己从一个农民变成一个通才最终转变成一个专才。这样，工作将不是问题，增收也就不在话下了。

二、曲靖市麒麟区茨营社区居民收入调查分析

2015 年年末，在茨营社区相关工作人员的陪同下，课题组对曲靖市麒麟区茨营社区进行了一次调研。主要目的是了解茨营社区农村家庭的收入情况，并分析当地居民收入呈现的趋势，最终提供一种对山区农民增收有利的发展模式。此次调研采取访谈、咨询、实地观察的方法，对了解茨营地区居民收入情况提供了有力支撑。结合收集到的相关资料，对山区居民收入进行分析后，现将调查的基本情况报告如下：

（一）茨营社区的基本情况

曲靖市麒麟区茨营镇茨营社区位于曲靖市麒麟区东南部，地形为南北走向，北高南低，有东西两大山脉，属丘陵河谷地带，总面积 193.5 平方千米。该社区共有 11 组村民小组，134 户农户，共计 5 000 多村民。得益于国家政策

及地方政府帮扶，该社区的土地流转取得了一定的成效，但如今的新农村农民与城市居民依然存在着户籍壁垒，城乡二元结构依然存在。土地流转后，当地村民的农村经济收入较之前的收入有所提高，大多数村民建造了三层半住房。社区居民将山下的平坦土地出租出去，外地商人将土地承包下来建造蔬菜大棚。村民将山上的土地自己留下来种植蚕桑或者烤烟。大部分村民在农闲的时候就去附近的企业、工地或者蔬菜大棚打零工以及在家发展畜牧业等。虽然国家近年来经济环境不景气，但是茨营社区居民的收入并没有下滑反而是有所提高的。

（二）茨营社区农村家庭收入情况

茨营社区居民的家庭收入来源主要有五个方面：蚕桑、外出务工、烤烟、畜牧业以及土地出租的收入。以茨营社区第四小组村民段先生为例，段先生将山下平坦地区的土地流转给厂商由厂商种植蔬菜大棚，一亩地一年的租金为750元，以一家四口每人一亩地来计算，因此本户居民土地流转所得的租金为3 000元。在山上的土地种植桑树来养殖桑蚕，段先生和其家人在山上有四亩四分的山地，都种植了桑树。段先生和妻子每年四月到八月都会养蚕，一年养殖三到四发，每发有十床蚕种，每张床经过生长可以收获30~40千克的蚕茧，每千克蚕茧40元左右。将蚕茧加工成蚕丝后销售为每千克500元，加工为蚕丝被为2 000元每床。通过养殖桑蚕段先生一家一年约收入60 000元。段先生在农闲时会外出打工，主要是出国务工，在东南亚的老挝、柬埔寨等其他国家做建筑工人。他主要从事埋电缆线的工作，每次的工期为三个月，可以取得收入20 000元左右，妻子会在农闲时去附近的蔬菜大棚里面干活，一个月的收入有1 500元左右。

种植烤烟也是村民的一个重要的收入来源，村民在山上种植烤烟，会有烟草公司专门来收购，种植烤烟的收入一年有100 000~150 000元，但由于种植烤烟对土壤的肥力要求较高，近年来种植产量有所下降。外出务工收入也是茨营村民现在不可缺少的收入来源之一。调查对象于大姐会在农闲时去四川、贵州等地的建筑工地上做钢筋工人，每日的工资为200~300元，每年有2/3的时间外出打工。于大姐目前正准备将自家的房屋重新建造成像其他村民一样的三层房屋，准备在一层和三层养殖桑蚕，二层住人。于大姐家的房屋属于危房改造，可以从镇上的银行申请两万元的贷款，以及从亲戚朋友那里筹借部分钱款。

茨营社区农村家庭收入情况如图7-2所示。

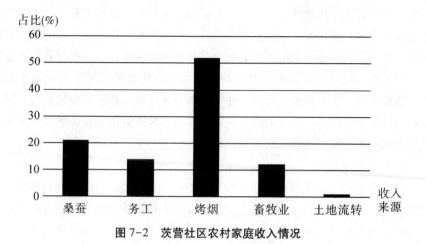

图 7-2　茨营社区农村家庭收入情况

（三）社区居民收入分析

对于当地的居民来说，虽然他们将自己的大部分土地进行了出租，但是还是有一小部分土地可以种植蔬菜和谷物，每户村民家里都养殖了一两头猪，生活基本可以自给自足。村民可以在农闲时间外出务工，以及自己在外做一些小生意，这些收入远比之前务农的收入要高很多。村里也会有针对性地举办培训班来对养殖桑蚕的村民进行专门培训，以提高村民的养殖技术和水平，从而获得更多的收入。对于外出务工的村民，也有专门的培训，这些对社区居民收入的稳定性提供了保障。村民在山上种植的烤烟，烟草公司会派人到专门的收购点进行收购，通过种植烤烟村民的收入得到了大幅度的提高。由于人工成本的费用在逐步提高，就近在蔬菜大棚等地工作的村民的收入也有了提高。总体上该农村社区居民的收入来源多样且稳定。

同时通过调查得知，烤烟对土壤肥力要求较高，种植过烤烟的土地下一年很难再种植成功，基本上就属于闲置状态，种植烤烟实际上是对土壤平衡的一种破坏。村民将土地出租给了一些外地来的商人，商人在这里种植大棚蔬菜，主要是种植生菜等以供出口香港、澳门以及澳大利亚等地，因此造成了塑料薄膜的白色污染以及一定的化肥、农药等所造成的化学污染。由于每家每户都养殖了猪羊等牲畜以及蚕桑，产生的粪便等垃圾也没有得到有效处理，这些都十分影响村容村貌。

（四）对社区居民增收的思考

1. 转变收入来源格局，缩小城乡差距

从现存的实际情况来看，茨营社区居民收入还是以农业生产经营为主，包括农作物的种植、家禽养殖等。社区居民还是以出卖劳动力、高强度或危险的工作为主，这类工作较单一，对知识水平的要求不高。以外出务工为主的外出务工收入目前有着极其广阔的增长空间，是当前增加农民收入、缩小城乡差距的重要切入点。大量外出务工的农民也是我国实现城市化、现代化的重要推动力。对于在乡农民来说从事非农经营收入是一个增收的新亮点，比如来自工业、商业等第二、三产业的收入。非农经营收入也是发展农村市场经济、繁荣农村经济的重要部分。加大对农业、农民进行直接补贴的力度，进一步扩大范围、提高标准，从而增加社区居民的转移性收入。

2. 降低发展成本，促进农民增收

这主要是指加强农村基础设施建设，新增基本建设资金应向农村基础设施建设倾斜。每年新增教育、卫生、文化事业经费应向农村倾斜，以逐步缩小城乡经济、社会事业发展方面的差距。以茨营社区为例，可以在社区内建造一个垃圾中转站对生活垃圾等垃圾重新分类降解或重利用等，这不仅可以降低居民的生活成本，还可以提高居民的居住环境。推动农业产业化经营，发展农产品精、深加工，从而提高农产品的附加值，创造新的消费需求。在茨营社区内有很多蔬菜大棚，可以将蔬菜深加工为蔬菜饼干等，这不仅可以增加就业岗位，还可以增加农产品的附加值，是促进农民增收的好方法。

三、种烟叶的牛村主任

（一）访谈时间与地点
2014 年夏，曲靖市罗平县九龙镇阿耶村。

（二）访谈对象
烟叶种植户——阿耶村牛村主任。

（三）家庭情况
一家四口人，夫妻俩以及一双儿女，主要以种植烟叶为生。烟叶种植情况：四年前与烟叶收购站订立合同开始种植烟叶，自家地 50 多亩以及和两位合伙人租用村民田地共 530 亩，租金每亩 1 200 元。烟叶春种秋收，种子由烟叶站提供，春节后移栽烟苗、培土以及烘烤等需要成本费 43 万元。烟叶收购：由烟叶站统一收购，收购价为 60 万元。烟叶纯收入为 17 万元，其中牛村主任家分到 5 万多元。

（四）家庭理财情况
每年结余 5 万元，存入农行活期。家庭主要开支：儿子结婚自建新房 30 万元，其中建材 12 万元，装修 8 万元，人工 10 万元；聘礼及婚礼开支 5 万元。牛村主任家种植烟叶之前主要靠种植水稻、玉米为生，年收入 3 千多元，仅仅只够维持温饱。

（五）其他情况

曲靖市罗平县九龙镇阿耶村有两千多口人，人均耕地0.75亩，主要种植水稻、玉米、生姜、油菜和烟叶。其中种植烟叶530亩，占全村耕地面积20%；另有40%的耕地承包给了公司做玉米育种；最后的40%由村民种植水稻、玉米、油菜、生姜等作物，年收入几千元，仅够维持温饱。全村75%的劳动力都外出打工，人均年收入在4万元左右，留守儿童情况严重。

（六）综述

曲靖市罗平县九龙镇阿耶村的牛村主任，今年五十多岁了，一家四口人，主要经济来源是烟草的种植。在没有种植烟草之前，他们一家人主要依靠一亩多的水田种植水稻、油菜籽、生姜等农作物，当时他们人均年收入才几千块钱，仅够维持温饱。后来在领导的推广下，他们开始尝试种植烟草。于是牛村主任与另外两个村民合伙，共同种植烟草。牛村主任家本来有50亩地，为了实现规模种植，他们以年租金1 200元/亩的价格租用其他村民的土地，达到了530亩。

烟草每年春种秋收，从移栽、培土再到批烟叶、烤烟叶，每年的成本需要43万元。最后由烟叶站统一收购，收购价在60万元左右。牛村主任及他的两个合伙人的人均年收入在5万多元。我们了解到，牛村主任他们每年结余的钱除少量留作备用外，其余都存进了镇上的农业银行，而且只存活期。他们没有任何的投资打算。

现在，牛村主任的儿子快结婚了，他们一家人正在为儿子盖新房，总成本估计在30万元左右。其中建材12万元，装修8万元，人工10万元。再加上聘礼及婚礼开支需要5万元，牛村主任家依靠积蓄还不需要借外债。

牛村主任家自从开始种植烟草后，生活质量大大提升。我们不禁问，为什么村里其他人不效仿牛村主任种植烟草呢？牛村主任告诉我们，成本太大了，钱都是找亲朋好友借的，一般人难以承受这么高的成本。他们村有75%的人都外出打工了，剩下留在村里种地的每年也仅够维持温饱，所以很少有人能种植烟草致富。

农村中的一些特色种养殖行业，一般投资较大，需要较多资金，普通农户家庭很难承担。但由熟人、亲戚朋友一起合伙投资，能够风险分担、收益共享，且合伙人之间大多为同村人，彼此熟悉，在"熟人社会"的农村地区共同开展投资是不错的选择。当投资有了一定收益后，只选择银行服务的活期存款这种理财方式，很难保障资金的保值增值，可尝试着其他理财方式，在资金许可的情况下可到城镇投资房产以实现财富的保值增值。

四、留守村民老朱

（一）访谈时间与地点

2014 年夏，罗平县九龙镇阿耶村。

（二）访谈对象

果树种植户老朱，年龄 50 岁以上。

（三）家庭情况

全家 5 口人，留守家中 3 人，儿子媳妇外出福建打工，老两口带着一个 3 岁半的孙女留守在家。种植地属于自家山地，无承包。种植果树情况为：主要种植柿子树（数量较多，50～60 棵）、桃树（品种较多，7～8 个品种），兼少量梨树、杏树、猕猴桃树、枇杷树，种植 5 棵核桃树；同时在果树周边种植花椒，果树底下种植白菜、少量魔芋等蔬菜。养殖方面，有少量蜜蜂（规模较小）。粮食方面：一季水稻，600 千克/亩，年产量够自家吃后仍有结余，可售卖。其他经济作物：水稻收割完后种植油菜。销售渠道：自卖，无专门采购商。在果树种植技术方面，老朱自身有 10 多年果树嫁接技术维护员经验。

（四）果树收入情况

（1）桃树生长期为 2 年，成熟期较短，10 来天，不易存储，采摘售卖压力较大，市场售卖价为 4～5 元/千克。

（2）柿子树品种为日本脆柿，数量为 50～60 棵，产量为 40～50 千克/棵，市场售卖价为 5～6 元/千克，7 月份成熟，成熟期为 1 个月，易于存储，采摘售卖压力较小。

（3）猕猴桃市场售卖价为 4～5 元/千克。

（4）核桃市场售卖价为 30 元/千克。

（5）枇杷产量较低。

该户周边情况：没有同样种植果树的农户。

另：基层农户没有记账习惯，缺乏对所从事的经营项目的收支情况的确切数值的把握，对计算收益较为模糊，缺少投资理财的基本概念，理财渠道单一。

（五）综述

罗平县九龙镇阿耶村村民老朱，今年 50 多岁了，一家五口人，儿女外出福建打工。老两口在家带着一个 3 岁半的孙女。当过 10 多年果树维护员的老朱主要以种植果树为生。老朱家的地是自家山地，无须承包，种着 50～60 棵柿子树，7、8 个品种的桃树，5 棵核桃树，兼少量梨树、杏树、猕猴桃树和枇杷树。老朱家在果树周边种植花椒，果树底下种植白菜以及少量的魔芋。

同时老朱家还养殖了少量的蜜蜂。每年水田里种植一季的水稻，水稻亩产600千克，年产量够自家吃后仍有结余，可售卖。水稻收割完后种植一些油菜。

老朱家桃树生长期为2年，成熟期较短，10来天，不易存储，采摘售卖压力较大，市场售卖价为4~5元/千克。柿子树品种为日本脆柿，数量为50~60棵，产量为40~50千克/棵，市场售卖价为5~6元/千克，7月份成熟，成熟期为1个月，易于存储，采摘售卖压力较小。猕猴桃市场售卖价为4~5元/千克。核桃市场售卖价为30元/千克。枇杷产量较低，自产自食。

老朱家没有记账习惯，缺乏对所从事的经营项目的收支情况的确切数值的把握，对计算收益较为模糊，缺少投资理财的基本概念，理财渠道单一。

农村家庭靠个人从事种养殖行业一般数量规模较小，且不易有效管理，多属于广种薄收，收益较低。若能形成相应生产专业合作社，大家抱团在一起进行产业化发展，共闯市场，可实现"1+1>2"的效果。

第二节　怒江州农村家庭收入调查情况分析

2012年以来，怒江着力强化城乡统筹，加强对农业生产和农村工作的领导，积极兑现国家各项支农惠农政策，农业和农村经济呈现平稳发展的良好态势，农民收入持续增长，工资性收入大幅增长，使得怒江"三农"问题得到极大的改善。但是，农业结构不尽合理、农资价格上涨、农村劳动力科学文化素质偏低等问题依然突出。

一、农民收入增长的主要特点

据农村住户调查资料显示，2012年，怒江农民人均纯收入为2 773.1元，比2011年增加了410.7元，增长17.4%。

（一）就业形势持续向好，农民工资水平不断提高

农民工资性收入继续快速增长，工资性收入仍是农民增收的主导因素。调查结果表明，2012年全州农民人均工资性收入达到814.8元，同比增长33.2%。工资性收入占全年纯收入比重达29.3%，是农民增收的主要支撑。其中，在本乡地域务工收入人均613.8元，增加169.1元，增长38%；外出务工收入人均101.4元，增加10元，增长10.9%；人均在非企业组织中劳动所得收入99.6元，增加24.2元，增长32.1%。农民工资性收入增长主要来源于以

下两方面：一是本乡地域劳动收入呈进一步加快增长态势。随着怒江经济稳定快速发展，有力地促进了工业化、城镇化，带动了新农村建设发展，全州对农村劳动力的吸纳能力不断增强，为农民就业转移创造了更多岗位，且工资水平与发达地区的差距在减小。加上本地务工农民由于环境熟、离家近，在收入形成上，相对外出务工农民，不仅能赚到务工收入，还可以照顾家庭和兼营农业，形成综合创收。加之全州采取了对农民工的政策帮扶、技能培训、就近就业等一系列措施，使农民工和农村剩余劳动及时转移就业，确保了来自本地劳务收入的提高。因此，随着在本地务工人数的增多及工资水平的提高，本地务工农民的收入大大增加。二是农民外出务工收入继续保持平稳增长。全州各级党委政府把发展劳务经济作为增加农民收入的一项重要而又见效快的产业来抓，全州上下加大了工作力度，有效地改善了农民外出务工环境，健全了劳务输出组织，切实保护了农民工的合法权益，加大了对农民工的技术培训力度，使外出务工人数平稳增加，在外务工人员的务工时间比较饱和，农民外出务工收入稳步增长。

（二）家庭经营纯收入平稳增长是农民持续增收的重要基础

全年农民人均家庭经营纯收入为 1 235.7 元，比 2011 年增加 86.7 元，增长 7.5%，占农民全部纯收入的 44.6%。2012 年全州农民家庭经营收入有以下特点：一是第一产业收入平稳增长。2012 年，全州农业综合生产能力继续提高，主要农产品产量连年增加，以及农产品价格的大幅上涨对促进农民增收作用明显，是拉动农民一产业收入增长的重要因素。2012 年全州农民人均第一产业收入为 1 072.5 元，比 2011 年同期增加 53.9 元，增长 5.3%。二是第二、三产业收入已逐步成为农民收入的重要组成部分，对农民增收发挥了重要作用。2012 年，第二、三产业持续发展，大量的早期外出务工农民，在学到了先进的技术、技能后，回家乡从事第二、三产业。从事第二、三产业的人员不断增加。农村第二、三产业得到了较快的发展，为农民增收做出了贡献。2012 年人均第二、三产业收入达 163.3 元，比 2011 年同期增加 32.8 元，增长 25.1%。

（三）财产、转移性收入是增收的重要保障

支农惠农政策力度大、含金量高，对农民收入的增长起着强有力的助推作用。粮食直补、农机补贴、良种补贴、农资综合补贴、家电下乡等政策性补贴的增加，农村基本养老保险制度的初步建成，农村低保及新型农村合作医疗补助标准的提高等一系列的农村社会保障制度的不断完善，与之密切相关的转移性收入持续较快增长。全年农民人均财产性收入为 92.2 元，同比下降 7%；人均转移性收入为 630.4 元，同比增长 25.4%。

二、农民增收存在的主要问题

（一）农业结构不尽合理，农民收入来源狭窄

近年来，各级党委政府围绕农民增收，狠抓了农业结构的调整，取得了一定的成效，但是农业结构不合理的问题始终没有得到根本性的解决。一是农产品结构不合理，产品的质量不高，大路货多，名特优产品比例低，缺乏竞争力。二是一般性的品种多，专用品种少；初级产品多，加工产品少，精、深加工产品更少。三是农产品品种在较大区域内大体一致，不同程度地存在大而全、小而全的问题，在一定程度上导致了农产品结构性矛盾相对突出。

（二）农业生产成本高，致使农民增产不增收

由于化肥、农药、农膜等农业生产资料价格不断上涨，使得农产品收购价格提高给农民带来的利益被增幅更猛的农业生产成本所抵消，农业的收益与其他产业相比是不断下降之势。农业经营分散，经营规模小，生产效率低，小规模的生产模式导致了劳动生产率和土地产出率低下，影响了农民的增收。广大农民的科学文化素质普遍偏低，导致采用农业适用技术率不高，生产成本加大，从而出现了农产品增产空间变小，农产品价格上涨空间受到限制，使农民增收受到很大制约。

（三）农村劳动力科学文化素质偏低，影响农民增收

近年来，通过各级部门对全州广大农民开展一系列的农村适用技术培训和职业技能培训，广大农民的生产能力得到了很大的提高，但我州农民整体文化素质相对偏低。随着农村农业的发展，对农民生产技术能力不断提出了新的要求，这给农民增收增大了难度。

三、对促进农民增收的几点建议

（一）贯彻落实各项惠农政策，调动农民生产积极性

认真贯彻中央文件精神，进一步加大落实中央各项支农政策力度，切实做到已经实行的政策不变，已经给农民的实惠不减。地方政府也要出台以投入为主的各项惠农政策，不断加大支农力度。同时，要认真检查政策落实的情况，避免政策走样、资金挪用。要创新工作方法，健全规章制度，规范发放程序，强化监督措施，充分调动农民发展生产的积极性，设法提高农民的收入水平。

（二）建立风险保障机制，加大农业生产投入

加强宏观调控力度，加强市场监管，避免伪劣农资、价格飞涨伤农，抵消农民收入；建立农业生产风险补贴机制。可以由政府组织设立专门机构，或是由国家保险部门承办，广泛从各种渠道筹集资金，通过政府风险补贴化解农业风险，引导农民加入农业保险，化解风险；金融机构要加大支农力度，提高农户小额贷款数量，进一步完善文明信用农户机制，从根本上解决农业生产资金不足的局面。

（三）加快产业结构调整，提高农业生产效益

充分利用本地资源，根据市场需求，发展特色农产品生产，把资源优势转化为产业优势，推动一村一品发展；大力发展农产品加工业，延长产业链条，提高农产品附加值，推动农业生产的专业化和标准化；大力发展农民专业合作社，把分散的农户组织起来，实现生产与市场的有效对接；加快推进农业科研创新和先进实用技术的推广普及，进一步强化科技对现代农业发展的支撑能力。

（四）加强教育科技培训，培育时代新型农民

进一步加大对农村实用人才的政策扶持力度，围绕产业发展急需的关键技术和紧缺人才开展教育培训，实现教育培训与产业发展的紧密衔接；探索职业培训与劳动力转移衔接机制，把技能培训、就业介绍与就业后服务管理融为一体。

第三节　楚雄州样本点农村家庭收入调查情况分析

一、姚安县官屯镇样本点

（一）自然情况

官屯镇属温带季风气候，并有暖带和中温过渡特征。年最低气温为-30.8℃，年最高气温为34.9℃，全年平均气温为10℃，无霜期为183天，年平均降雨量为679.6毫米，日最大降雨量为197.2毫米。冻结深度为1.1米。地震烈度为7度。全年日照时数为2 915个小时，冬季主导风向为西北风，夏季多东南风。

官屯镇地处长白山脉与东北平原交会处，地势以山地丘陵为主，总面积为91.8平方千米。境内共有5条季节河流，总长44千米，流域面积为52平方千米。兴修水库两座，水面共90亩，库容量为60万立方米。全镇耕地面积为38 145亩，果树面积为25 080亩，林地面积为33 540亩，并有大面积可供开发的宜林荒山。

（二）交通状况

官屯镇西临长大铁路、哈大公路，过境里程为 15 千米。新改造升级的高平公路由西向东横贯全境，总长为 13.2 千米。大交线公路由南向北穿过该镇 9 个自然村后与哈大公路相连。镇内村村通柏油路，总里程为 120 千米，四通八达。

（三）基础设施

按照镇区总体规划要求，坚持高标准建设、高水平管理，镇村投资 400 万元，完成了高平线 13.2 千米拓宽改造升级工程，投资 130 万元，修建村级黑色柏油路 6 千米。铺设有线电视线路 6 万米，入户 2 010 户。程控电话装机达 8 050 部。加强环境整治，全面提高了镇区绿化、美化、净化水平，为发展经济奠定了基础。

（四）官屯镇调研情况

时间：一天。

地点：下大村。

民族：汉族。

调研内容：当地农民的收入结构变动。

经过一天的路程，晚上课题组在姚安歇息，在交谈中了解到，官屯镇由于地震原因，政府给予房屋重建的帮助，使得农民有了安定的住所，解决了生活中最重要的房屋问题，一家老小生活舒适。大部分农民主要靠种植烤烟来生活，比如烟草种植大户王思学先生，40 亩地用于烟草种植，每年 4 月中旬种植，10 月中旬销售给烟草公司。在比较忙的时间，他会请 6~7 个工人，每亩烟草成本为 3 500 元，纯收入为 1 500 元，政府也给予了烟草种植每亩几十元的补助。对于 5 口之家的王先生来说，一年 4 万~5 万元在当地算是中等收入。另外，对于建筑打工来说，由于土地少，加上房地产不景气，工作相对来说不如往年好找。总体家庭收入 4 万~5 万元还是可观的。生活费用是当地农民的主要开销。对于生病医疗费用，医疗保险报销 80%，同时对于有特殊困难的农户，剩下的 20%，乡镇会额外再报销一半。总体来说，医疗保险在当地是相当健全的。

在官屯镇的调研过程中我们发现：

（1）当地种植烟草，自然灾害对其影响特别大，如干旱等。需要及时做好预防措施。同时销售烟草也存在市场价格波动问题。房地产不景气使得打工相对难度大，需要给予相关人员一定的就业指导与培训，使其往服务业发展。

（2）老龄化现象普遍，以自然经济为主，从事农业的人员教育文化水平偏低。农户家庭人口基本都在 4~5 人，有的甚至超过 5 人，主要是两个青年人，家中上有老，下有小，并且都居住在一起，从事劳动的人口大约在 2~3 人，有人在家务农，有人在外打工。从事农业的人员教育文化水平偏低，大多为初中文化，年龄在 30~40 岁，家庭年收入在 4 万~5 万元。

（3）外出打工农民反映没有安全感。在调查中，有些家庭也有外出打工的人员，他们外出打工的基本年收入大约在 2 万元。这些务工人员，有人从事建筑技术工作，有人从事服务员工作。他们大部分都会对外出务工产生不安全感，担心的问题主要还是怕挣不到钱、不稳定以及思念家庭等。相对于务农，外出打工挣得更多。

（4）惠民政策落实不全面。在政府、政策方面，农民对基层的村干部工作和扶贫政策的落实还是基本满意的，但是并不是很了解政府的富民政策，可见政府在富民政策的宣传和落实方面做得还并不是很到位。当地农民还是希望政府能够多多引进一些工业企业来提高当地的经济水平和收入水平。

二、武定县样本点调研情况

（一）自然情况

武定县位于滇中高原北部，云贵高原西侧，楚雄彝族自治州东部，地跨东经 101 度 55 分至 102 度 29 分、北纬 25 度 20 分至 26 度 11 分，全境东西宽 52 千米，南北长 94 千米，县域国土面积 3 322 平方千米。东邻禄劝县，南与禄丰县、富民县毗邻，西与元谋县接壤，北与四川会理县隔金沙江相望，是出滇入川的必经之地，素有"省会之藩篱，滇西之右臂"之称。武定属低纬高原季风气候区。武定境内山岭纵横，地形地貌复杂多样，地势、海拔高低悬殊较大，季风气候明显。武定县境地表崎岖，群山连绵。山地、丘陵、谷地、河谷平原和山间盆地（当地人称坝子）相互交错，山区面积占武定县总面积的97%，坝子及水面占 3%，是一个集"山区、民族、宗教、贫困"四位一体的国家扶贫开发工作重点县。武定县长度 10 千米以上的河流有 22 条，其中 21 条属金沙江水系，分别由东、西、北三个方向出境。武定县境内水资源较丰富，年产水量 28.52 亿立方米，多年平均地表径流总量为 9.2 亿立方米。但"地处水源头，有水向外流"，无天然湖泊，水低地高，且径流时空分布不均，利用较差。枯洪变化大，干季水源难以保证。

（二）人口情况

截至 2012 年年底，武定县常住人口为 27.69 万人，出生率为 11.53‰，死亡率为 7.19‰，人口自然增长率为 4.34‰。按公安户籍人口统计，年末武定县总人口为 274 284 人，比 2011 年减少 314 人。其中：农业人口为 234 504 人，非农业人口为 39 780 人。总人口中，少数民族人口为 151 311 人，占总人口的 55.17%，百人以上少数民族有彝族 86 512 人、傈僳族 31 505 人、苗族 23 284 人、傣族 7 618 人、回族 1 030 人、哈尼族 803 人和白族 169 人。全年出生人口 3 294 人，死亡人口 3 472 人；男女性别比（以女性为 100 计算）为 104。

（三）经济情况

2013 年武定县实现生产总值（GDP）405 733 万元，按可比价计算，比 2012 年增长 14.4%。其中：第一产业增加值为 140 169 万元，增长 7.3%，拉动经济增长 2.35 个百分点；第二产业增加值为 133 447 万元，增长 22.5%，拉动经济增长 7.65 个百分点；第三产业增加值为 132 117 万元，增长 13.1%，拉动经济增长 4.4 个百分点。第一、二、三产业对生产总值增长的贡献率分别为 16.33%、53.14% 和 30.53%，分别比 2012 年下降 0.37 个百分点、上升 5.64 个百分点和下降 5.27 个百分点。2013 年第一、二、三产业增加值占生产总值的比重分别为 34.5、32.9、32.6。全社会劳动生产率（按从业人员计算人均 GDP）为 21 300 元/人。按常住人口计算，人均 GDP 为 14 642 元，按公安户籍人口计算，人均 GDP 为 14 762 元，非公有制经济增加值为 172 174 万元，占 GDP 的比重为 42.4%，比上年上升 0.3 个百分点。

（四）武定县调研过程

我们这次到武定县首先对个体经营户的家庭收入进行了调查。这些个体经营户家庭里面基本上都有 5 个人以上，但是劳动人口只有 3 个，基本上每个人有一亩左右的耕地。这样一来，如果一个家庭里有 5 个人的话，那一家人共有 5 亩左右的耕地，这些耕地主要以自营为主，以土地出租收取租金为辅。以自营方式耕种土地的家庭里面只有 2 个人主要从事农业耕作，并且主要以年龄在 30~45 岁以上的男性同胞为主。他们也基本上没有接受过高等教育，文化程度是初中文化。据我们了解，这些个体经营户家中的种植作物主要是玉米和小麦，蔬菜都很少，这些作物主要是自己食用，食用不完的就到市场上去卖。由于耕地面积较大，所以在耕作的时候也在使用畜力和机械以帮助完成耕种。在谈到收入的问题上，据我们了解，这些个体户人均年纯收入在 8 000 元以上，这些收入主要来源是农作物的收入；外出打工年纯收入在 20 000 元以下，这些外出打工者的文化程度为小学文化，主要从事商业服务员的工作。这些外出打工的人外出打工的感觉是既没有挣到钱，还被别人看不起，虽然打工期间都有企业"三险"，但还是会为拿不到工资的事情着急。即使这样，他们还是愿意外出打工，而不愿意在家里干农活。这些外出打工的人还是很乐观的，并且有提高自己工资的计划并努力实施，认为自己的收入会不断提高，生活也比以前好了。在谈到家乡的发展问题时，这些个体户都说，家乡的发展一般，也说乡村干部对家乡经济的发展起到了重要的作用，并对此表示基本满意。如今生活好了，这些个体经营者还是希望乡政府能够减轻农民的负担。他们虽然在农村有自己祖辈留下的房子，不用买房，在医疗卫生方面也有部分保障。但是据我们了解，改善农民、农民工资待遇和社会保障仍然是他们迫切的愿望。在前往武定县狮子山的途中，我们看到了一些人在路旁摆摊，见他们闲着就和他们聊起来了，听他们说他们都是武定县本地人，家里基本上都有5口人，有的家里有7口人，劳动人口3口，基本上每个人都有一亩左右的耕地，所以算下来一家人有6亩地。大部分是自己在耕种，有的就直接出租出去，每年收租金，这些家庭里面有2~3个人从事农业劳动，年龄主要在30~45岁，男女都有。他们主要是小学文化和初中文化，这些劳动者 主要在家种植玉米，水域条件好一点的就种点菜。这些作物主要是自己食用，在农忙的季节里，人手不够的时候就雇佣农业机械。在谈到家庭收入的时候，我们发现差异较大，有的家庭人均年收入在4 000元以下，有的在8 000元以上。据了解，他们的收入主要还是来源于农作物收入，有的家庭种植山药，一年种一季，当山药收获的时候，会有专门的摊贩来家里面收，每千克14元左右，每亩纯收入保守估计在1 000元以上。当然家里人也有外出打工的，他们基本上是初中文化，每年打工年纯收入在20 000~30 000元。这些外出打工者主要在工厂当工人，在打工企业里，还没有"三险"，并且担心拿不回工资。不过，在外面打工总体感觉自己的工资在上涨。据我们了解，他们这些家里也有少部分的积蓄，在支出方面，最大的支出主要是生活费、医疗费用、教育费用和建房子的费用。有的在医疗卫生保健方面完全没有保障，或者只有部分保障，那些有部分保障的人都是自己在买医疗保险，每年70元，产生了医疗费时，只能报销80%，并且门诊费用还不能报销，所以他们迫切希望改善农民、农民工待遇和社会福利。

从上面的调研可以知道几个基本情况：

第一，武定县的人口老龄化问题严重。基本上每家都有2位老人，1~2个孩子，有2个年轻人，这样的家庭结构使年轻人的生活压力加大，相应的生活费用支出和教育费用支出就会增加，由此以来，家庭储蓄就会减少。

第二，武定县的社会保障覆盖力弱。在医疗卫生保健方面，大多数情况都没有保障，这无疑加重了家庭的负担。看病难，就医贵，是武定县普遍存在的问题，所以当地人民迫切希望能改善社会保障，这样一来可以给自己一个保障，也给家人减轻负担。所以加强养老保障体系建设仍是个重要的工程，需要深入贯彻落实国家确定的"以居家养老为基础、以社会养老为依托、以机构养老为支撑"的社会养老服务体系的精神，不断加强社会养老体系的保障力度和覆盖力度。

第三，武定县外出打工者文化程度普遍偏低。那些外出打工的人群，基本上都是初中或者小学文化，这在某种程度上，限制了他们外出打工时可以选择的工作岗位。他们主要从事服务业（时间长、工资低）和建筑业，工资偏低，并且没有"三险"保障。因此，为外出务工人员提供技术培训是必要的。伴随着劳动力的输出，一系列的问题也产生了，目前农民工已经成为城镇产业工人的主体，但由于受到种种政策的限制，他们并没有获得市民待遇，这不仅产生了农村留守儿童、妇女和老人等社会问题，也给经济发展带来很多风险。

第四，武定县家庭收入是以农作物收入为主。基本上每个家庭里都有 5~6 亩地，主要种植玉米、小麦，水域条件好的可以种植蔬菜、山药等。从农作物的种类来看，种植的种类单调，所以他们的收入来源也就被限制了。

第四节　西双版纳州景洪市勐养镇样本点调查情况分析

一、勐养镇简介

（一）自然情况

勐养镇地处景洪市中北部，东经 100 度 53 分 42 秒，北纬 22 度 5 分 30 秒，距景洪市政府驻地 14 千米。东与基诺族乡和勐腊县象明乡毗连，南靠景洪镇，北壤景讷乡、大渡岗乡，西与勐海县勐宋乡隔江相望。总面积为 688.5 平方千米。年平均气温为 20.5 摄氏度，最高气温为 38.9 摄氏度，最低气温为 1.4 摄氏度，平均海拔为 745 米，全镇最高海拔为 1 633 米，最低海拔为 550 米，年平均降雨量为 934.1 毫米，土壤以砖红壤和茨红壤为主，厚度 100 厘米，有机含量为 1% 至 1.5%。勐养镇属于亚热带气候类型，全年阳光充足，日照时间长，土地肥沃，雨量充沛，交通方便，适应发展稻谷和茶叶、橡胶、水果等亚热带经济作物。镇政府所在地交通地理呈"Y"字形，是全国内地通往西双版纳州及泰国、缅甸、老挝等东南亚国家的陆路交通要塞。

（二）人口情况

2010 年，全镇总人口为 15 519 人（不含农场人口），总人口中有女性 7 762 人，农村人口 13 646 人，少数民族 14 374 人，少数民族中有傣族 8 078 人，彝族 1 293 人，基诺族 1 902 人，布朗族 2 474 人。坝区有 21 个村小组，半山区有 11 个村小组，山区有 23 个村小组，坝区人口为 11 643 人，占总人口的 75%，山区人口为 3 876 人，占总人口的 25%，密度每平方千米为 22 人，人口自然增长率为 6.5‰。

二、经济情况

勐养镇充分利用交通便捷等区位优势，大力发展橡胶、茶叶、西瓜、东升南瓜、甜脆玉米、台湾青枣、香蕉等经济作物，积极发展养牛、蛇鸟、野猪等大牲畜。2010 年，全镇有耕地面积 34 706 亩，其中水田 22 377 亩，农作物播种面积 49 149 亩，其中粮食播种面积达 39 353 亩，总产量 13 038 吨，农民人均占有粮 955 千克。水果年产量 4 815 吨，比上年增 3 970 吨，蔬菜年产量 1 758 吨，比上年减 602 吨，橡胶 107 447 亩，其中开割 39 367 亩，干胶产量 3 214 吨，比上年增 90 吨，砂仁 3 896 亩，收获 1 990 亩，产量 10 吨，比上年减 5 吨，茶叶 4 934 亩，产量 82 吨，大牲畜存栏 720 头，生猪存栏 13 562 头，养鱼 1 719 亩，年产量 283 吨。

2010 年，全镇生产总值为 12 957 万元（不包括农场），按当年价格计算，比 2009 年增长 14%。其中：第一产业 7 255 万元，增长 27.1%；第二产业 829 万元，增长 2.4%；第三产业 4 873 万元，增长 4%。比例为 56∶6∶38。农村经济总收入为 12 290 万元，农民人均纯收入为 4 496 元，分别比 2009 年增加 2 925 万元、552 元；财政收入为 1 909 万元，财政支出 840 万元；有乡镇企业 322 个，从业人员 1 455 人，乡镇企业营业收入为 16 863 万元，比 2009 年增加 7 241 万元。

三、小勐养镇调研情况

时间：2014 年 7 月。

地点：小勐养镇曼当村。

民族：布朗族。

调研内容：人口较少民族农村家庭收入情况。

经过一天的路程，晚上在勐养镇歇息，我们在与村寨社区工作人员交谈中了解到，当地的农民主要是靠割橡胶来生活。西双版纳以傣族为主，少数民族有自己的田地，而汉族人没有自己的田地，只能靠自己在外面打工挣钱，或者承包农场。农场多是国营的，属于国家所有，汉族作为当地的民族在这边有很多待业青年，他们无论是生活还是就业都需要得到及时帮助。村民主要的工作就是割橡胶，农场不招工，需要签订 11 年的协议，每人承包 100 颗橡胶，每年大概收入为 2 万元，但是其中有 1 万元要上交给农场。此外，学费昂贵，村民的小孩上学也是个大的问题，公办的小学一学期 2 000 元，私立小学要 3 000~5 000 元一学期。除此之外，社保问题也很突出，村民的最低保障是 100 元一个月，老人是一个月 400 元，小孩有低保，大人没有，残疾人有低保。

第二天，课题组一行来到了西双版纳景洪市的勐养镇的曼当村，在那里我们的调查对象是云南 7 个人口较少民族之一的布朗族。这里山地崎岖，却民风淳朴。男主人岩××忠厚老实、热情大方。该主人家依然是以种植橡胶为主，同时还种植一部分茶树。由于山区干旱，严重缺水，种植茶树主要是靠天吃饭。他们另外还种植一些玉米。在社会保障方面，全村 60 岁以上的老人每年有 2 000 元的国家补助，年纯收入一家 3 口人，在 2 万~3 万元。每年支出最大的两项是老人赡养费和生活费用，农村合作医疗一年一人 90 元，能报销 50%~60%，但是男主人家母亲身体不好，药费一个月 600 元，因为没有住院，所以不能报销，只能自己负担，而农村合作医疗只有住院才能报销，且不同行政区划级别的医院报销比例不一样。

在调研过程中发现勐养镇农村家庭存在如下问题：

（1）老龄化现象普遍，以自然经济为主，从事农业生产的劳动者教育文化水平偏低。村民家庭人口基本都在 4~5 人，主要是两个青年人，家中上有老，下有小，并且都居住在一起。从事劳动的人口为 2~3 人，有人在家务农，有人在外打工，耕种的山地有 3~6 亩，有的家庭甚至没有田地。在从事农业生产过程中主要还是以自己经营和人力、牲畜力为主，种植的玉米、橡胶，还是以自用为主。并且从事农业的劳动者教育文化水平偏低，大多为初中文化，年龄在 30~40 岁，人均年收入为 4 000~6 000 元。

（2）外出打工农民反映没有安全感。在调查中，有些家庭也有外出打工人员，他们外出打工的基本年收入在 20 000 元左右。这些务工人员中有人从事建筑技术工作，有人从事服务员工作，他们大部分都会对外出务工产生不安全感，担心的问题主要还是害怕挣不到钱、不稳定以及思念家庭等。而在当地，相对于务农，外出打工挣得更多一些。

（3）惠民政策落实不全面。在政府的政策方面，村民对基层的村干部工作和扶贫政策的落实还是基本满意的，但并不是很了解政府的富民政策，可见政府在富民政策的宣传和落实方面做得还不是很到位。村民们还希望政府能够多多引进一些工业企业来提高当地的经济水平和收入水平。

（4）社会保障体系有待完善。从改革开放以来，农民普遍反映生活水平在逐渐地改善和提高，但是城乡的差距也在逐渐拉大。他们希望政府能够采取措施逐渐缩小差距，在医疗保障方面，虽然有一定的保障，但是遇到大病时，很多村民还是束手无策，这无疑加重了家庭的负担。看病难，就医贵，是山区农村少数民族群众普遍反映的问题，所以当地人民迫切希望能改善社会保障，这样一来可以给自己一个保障，也给家人减轻负担。

第五节　大理州南涧县样本点调查报告

南涧县是全国重点扶贫县之一，财政收入低，自然条件恶劣，地理位置偏僻，山高坡陡，水土流失严重，旱、涝、冻、风、泥石流等自然灾害频发，交通条件差。贫困人口素质低，风险承受能力低，独立性、主动性不足，群众居住地区偏远，交通不便，生态环境失调，人畜饮水困难，生产生活条件极为恶劣。由此形成了贫困程度深、贫困面大、经济收入低、生活质量差的少数民族深度贫困群体。2011年，人均纯收入在3 391元，随着新扶贫标准2 300元的提出，南涧县贫困人口达10.33万人，占全县总人口的比重达48%。近年来，在省、州党委政府及扶贫部门的大力帮助下，南涧县按照"抓两头，促中间"的工作思路，坚持开发式扶贫，扶贫开发工作取得了明显成效。2012年暑假，调研组深入南涧县部分村组进行调查和访谈，主要针对生态环境建设和脱贫之间的关系问题进行了研究，并进行了思考。本小组共发放问卷15份，收回问卷10份，其中有效问卷9份。下面，将结合调查问卷统计结果，从以下几个方面做报告。

一、环保方面

（一）现状

村民思想上有进步，环保意识提高，污染减少，村容村貌不断改善，企业投入也不断增加，尤其是农药、化肥的使用及砍柴、烧柴使用逐渐减少。但生活垃圾处理是目前亟待解决的问题之一。

（二）具体措施

1. 生活垃圾的处理

截至2011年，该县总共设立了31个垃圾站。主要的处理方式为：将垃圾运输集中，而后焚烧与掩埋。垃圾处理车去年总共为40辆，今年新增10辆。在垃圾处理设施上该县去年投入了40多万元，今年预算在50万元。本区"水污染不是主要问题"，现阶段努力方向为，争取做到每个乡镇必须有垃圾车。农村垃圾处理主要采取再利用、焚烧与掩埋。事实上，在环保基础设建设上，县城要求较高，但农村要求则较低。

2. 宣传

从以前的"自愿"，到现在的"引导"。这是重要的思路转变，并加强教育、司法、知识的配合。以"从小娃娃抓起"为主题。重点工作对象是中小学生。具体的措施为，全县（副县长带头，组成志愿队）志愿队分为一队和二队，以村级为基础，加强引导，开展宣传活动，发放环保手册，向部分学校发放环保袋 8 000 个。并在小学、初中、高中开展环境法制教育竞赛，建立南涧环保网站，发布环保信息和公益广告。

3. 项目引进

在项目引进上，虽然该县重视引进工业、环保设施，但这么多年来，只在去年引进过一次项目，项目规模也不是很大，项目开发费用大约为 10 万元。

存在问题：经济基础是支撑，现阶段的治理需要一笔资金。比如在垃圾池、垃圾车的处理上，农村的重点问题是学校。今后的思路是，进一步加强宣传，进一步加大资金投入。

在生态工程上，平均每户农民投入资金在 1 000~2 000 元，但这些资金仍然不够用，主要原因在于地区间的不平衡。比如，同是安装沼气池，交通闭塞的山区和交通较好的镇区，所需成本不同。偏远闭塞的山区，交通不便，安装沼气池的成本远远高于交通便利的地区。再者，交通闭塞的地区，农民往往较贫困，而贫困仍是导致工程推动艰难的原因之一。

4."村容村貌整治"工程

对于这项工程来说，现阶段做的工作是选择 4~5 个自然村，每村投入 10 万元。但项目实施起来，工程量、资金量都比较小，帮扶效果不明显。

二、贫困问题

（一）现状

南涧县 99.3% 是山区，海拔 994~3 900 米。2011 年人均收入为 3 391 元。贫困人口为 10.33 万，赤贫人口为 2 270 人，贫困人口接近一半。

（二）原因

本区主要为山区，平地面积极小，交通不便，同时因病致贫、因病返贫是该区导致贫困的主要原因。

（三）措施

1. 财政拨款

县财政拨款为4.7亿元。现阶段扶贫由以往"输血"变为"造血"，即培植新产业，一村一品，加强新型农民的培训。并且积极努力地引进项目，希望依靠项目做好扶贫工作，但问题是项目有限。因地制宜，实施坡改良、坡改台、培肥项目，目前取得成效两万多亩。在调研中，我们了解到，贫困户的贷款现在主要由民政部门负责。最后，我们了解到，合作社的成效并不显著，原因是合作社数量、规模都比较小，农民加入的积极性也不是很高。

2. 特色和规模化农业之路

该区有茶园91 200亩，平均年产茶为388吨，产值为1.86亿元。无公害、绿色全省第七，茶第五。绿色生产基地为25 000亩，8 000亩有机茶产品认证。本区种植核桃75万亩，年产核桃0.8万吨，产值为2.35亿元。由于各州都在种核桃，对核桃深加工，增加价值链和产业链是目前该县核桃产业需要解决的问题。目前该县的三七主要是企业来做，以县城为中心，建立四个加工区。该区的支柱产业是烤烟、核桃、茶叶。

（四）存在的问题

调研中我们了解到，贫困户的贷款问题，现在划给了民政部门来做。这是个值得思考的问题，把这项艰巨的任务单单交托于民政部门，加之民政部门财力有限，是否会导致扶贫资金运转困难呢？是否会造成各部门之间互相扯皮？这是值得深思的。

土地的流转程度较低，推行机械化困难很大，主因是平地太少，即使推行机械化都难以避免大量劳动力的使用。

近年来的干旱不影响该区人民的生活。另外因为种粮收益本身不是很大，干旱对经济收益影响不甚明显。

依靠项目扶贫也存在一些问题，主要是引进的项目有限，而且需要的时间长，难以解决眼前的一些问题。但就本区而言，在项目培育上还有很大的发展空间。

三、森林保护方面

（一）现状

林产业具有"大资源，小产业"的特点，该区林业产业为78万亩，面积、产值在全省排第四位，逐渐成为该区的支柱产业。森林覆盖率以往最低为18.9%，现在上升到56.8%。

（二）存在的问题

首先，本区是泥石流频发区，同时也是森林火灾多发区，森林病虫害同样威胁着林区的发展。其次，非法占用林地、乱砍滥伐也是导致林区生态环境破坏的因素。目前需要做好的工作是林改，以及贷款、抵押。该县在林业方面有32家合作社，该区的合作社还处于探索与起步阶段，产生的生态效益还很低。该区的贷款汇及程度也比较低。银行的抵押必须是林权抵押、"经济林果抵押"，实际贷款手续繁琐。最后该区虽然森林覆盖率较高，但森林的质量不太好，价值也不是很高。森林整体品质并不高，很多林区是矮小的灌木林，覆盖地区疏密差异较大。

（三）具体措施与效果

实行坝区与山区区别对待，对于坝区发展人工草业，进一步加大园林建设，在园林建设上投入资金为185万元；对于山区，封山育林，加强保护名贵树种，在林区保护上，投入资金是2 000多万元。虽然该区近年来较为干旱，但未发生大的火灾；虽然全面推行烤烟，但禁止烧柴、烧煤，落实保护制度，切实预防森林火灾。

四、生态环境建设对扶贫开发影响的思考

生态环境建设对农民来说，可能会导致暂时的损害，好的生态环境，对于改善农民的生存环境、招商引资、开发旅游业具有重要意义。课题组结合对研究区的调查和分析认为，贫困地区的脱贫是一个"系统工程"，涉及城乡社会经济的各个方面，不是一个思路、一个途径、一种措施或一种方法所能够解决的。为此，提出如下思考。

（1）在宏观背景上，国家和地方政府必须实施有力的政府干预，通过直接或间接手段增加贫困地区收入，尤其是农民收入。如加大对农村的公共投资，合理调整国民收入分配格局，着力开展对农民的技术和知识培训，推动农村人口的有序流动，建立城乡互动的协调机制，为农民工进城创造良好的制度环境，深化土地和金融改革等。

（2）着力扶持贫困地区县域经济的发展，壮大县域经济的力量。长期以来，县级政府一直是我国政权系统的最基本单位，县城是一个地域范围内的政治、经济、文化中心。从现代意义上说，县城也具有对县域经济的组织作用、集聚作用、辐射扩散作用和传输作用。县域经济强大了，有利于实现工业地方化，有利于形成以县城为中心、以强镇为依托的中小城市分布格局，有利于农业剩余劳动力就近转移就业，有利于繁荣贫困地区经济。

（3）利用贫困地区的农业资源特点，因地制宜发展特色农业、绿色农业。小农村社经济在我国还要存在相当长的时期，农民的绝对数量在很长时间内是不会有大幅度减少的。因此，贫困地区脱贫的重要途径在于壮大县域经济，大力发展非农产业，拓宽农业剩余劳动力的就业渠道。应立足农村，在贫困地区发挥烤烟、核桃、三七等产业的比较优势和养畜禽产业的潜在优势，发展绿色农业和环保农业，打造农业产品名牌。

（4）坚持生态环境建设与农村经济发展相结合的原则，积极发展生态型农村经济；适当建立生态补偿机制，加快贫困地区收入增长。贫困地区往往又是生态脆弱地区。要积极利用国家环境保护和土地整治的资金，以及国家扶贫资金，在保证粮食自给自足的情况下，依据资源优势，选择和培育农村主导产业，如畜牧业、林果业和小杂粮等，并适时发展深加工、商贸业和配套服务业，同时大力发展生态旅游业，培养新的经济增长点。

第六节　云南省人口较少民族农村家庭收入状况的调查研究

云南省是全国少数民族人口较多的八个省区之一，也是全国少数民族成分最多的省份。云南地处西南边疆，与缅甸、老挝、越南三国接壤，边境线长达4 061千米。全省39.4万平方千米的土地面积中，地势起伏变化强烈的高原山地占94%，平坝、河谷仅有6%。全省25个少数民族中，有15个云南特有民族，有15个民族跨境而居。人口在10万以下的较少民族有7个，总人口约23万人，主要聚居在9个州市31个县（市、区）81个乡镇175个村委会的1 407个自然村。云南的人口较少民族的民族数和人口数各占全国人口较少民族的三分之一。7个人口较少民族中有5个民族居住在边境沿线，有5个民族是直接从原始社会末期过渡到社会主义社会的"直过"民族。如何促进人口较少民族经济社会的发展，既是各级党委、政府高度关注和十分重视的一项工作，也是各人口较少民族人民长期以来的共同心愿。人口较少民族经济社会发展状况的准确掌握，对于各级党委、政府更有效地开展民族工作，促进人口较少民族经济社会发展具有重要意义。课题组通过对云南省七个人口较少民族聚居区经济社会发展状况实地调查资料的分析，从实际情况出发，就加快云南省七个人口较少特有民族脱贫发展步伐问题，提出相应解决措施。

一、指导思想

党中央、国务院高度重视人口较少民族的发展。近年来，在党中央、国务院的高度重视和国家有关部委的大力支持下，云南省委、省政府从省情出发，牢牢把握"共同团结奋斗、共同繁荣发展"的民族工作主题，明确提出"决不让任何一个兄弟民族在共同发展的道路上掉队"，采取特殊政策措施，分类指导，倾力扶持7个人口较少民族加快发展。2002年云南省制定了《关于采取特殊措施 加快我省7个人口较少特有民族脱贫发展步伐的通知》（云办发〔2002〕19号），在全国率先开展扶持人口较少民族发展工作。2006年，据省委、省政府的安排部署，省民委、省发改委、省财政厅、人行昆明中心支行和省扶贫办五部门联合制定了《云南省扶持人口较少民族发展规划（2006—2010年）》（云族联发〔2006〕10号），省政府召开全省扶持人口较少民族发展工作会议部署工作，进一步明确了"十一五"期间扶持人口较少民族发展的指导思想、目标任务和政策措施。力争到2010年，使人口较少民族聚居村基础设施得到明显改善，群众生产生活存在的突出问题得到有效解决，基本实现"四通五有三达到"（即通路、通电、通广播电视、通电话，有学校、有卫生室（所）、有安全的人畜饮用水、有安居房、有稳定解决温饱的基本农田地，人均粮食占有量、人均纯收入、九年制义务教育普及率达到国家扶贫开发纲要和"两基"攻坚计划提出的要求），基本解决现有贫困人口的温饱问题，经济社会发展基本达到当地中等水平，平等、团结、互助、和谐的社会主义民族关系得到进一步巩固和发展。2008年又整合投入国家和省级扶持资金2.9亿元，对370个人口较少民族自然村实施"整村推进"，使人口较少民族聚居地区的基础条件大为改善。但由于历史、自然等原因，人口较少民族聚居区农村经济社会发展整体上还比较缓慢，群众生产生活仍然面临许多突出的困难和问题。

二、调查过程

党的十七大以后，农业和农村工作被放到更加显著的位置，新农村建设全面展开，各地农村基础设施和社会事业建设、现代农业建设投入不断增加，规模不断扩张，层次不断提高。地处深山边境的人口较少民族聚居区发展滞后的问题进一步凸显出来。受到各级、各方关注的人口较少民族的生存状况到底如何？人口较少民族聚居区与内地、其他民族区域的差距有多大？农业和农村经济发展的主要制约因素是哪些？民族群众加快增收脱贫致富的出路在哪里？针对这些问题，课题组利用假期，深入怒江、德宏、西双版纳三个民族自治州的七个人口较少民族聚居区进行实地调查，获得了大量的第一手资料，基本掌握了各民族聚居区群众的生产、生活状况，为具体深入地研究人口较少民族发展问题打下了基础。课题组重点研究了如何提高云南省人口较少民族农村贫困家庭收入问题。

此次调查采取了典型调查和抽样调查相结合的方式，选择的调查地点是每个民族人口最集中、占当地总人口比例最大的乡，系统收集该乡农业和农村经济社会发展的资料数据，从基础设施建设、公共服务事业建设、优势特色产业建设等多方面分析发展现状、发展进程、发展趋势，对发展中存在的问题和面临的困难也作了一定程度的研究探讨。每个乡又选择 3~4 个村寨，以随机抽样的方式调查 100 多户农户，以自填、代填问卷的方式，对农户的生存条件、生产生活方式、迫切关心的问题进行全面调查。具体如表 7-5、表 7-6 所示。

表 7-5　　　　　　　　　　调查点民族人口情况

序号	调查地点	民族	乡内该民族人口数	占该乡总人口比例	占该民族总人口比例
1	西双版纳州景洪市基诺族乡	基诺族	11 449 人	97.28%	55.3%
2	西双版纳州孟海县布朗族乡	布朗族	11 600 人	64.2%	12.83%
3	德宏州潞西市三台山乡	德昂族	3 825 人	60%	21.37%
4	德宏州陇川县户撒乡	阿昌族	21 360 人	95.5%	45.73%
5	怒江州福贡县匹河乡	怒族	9 657 人	85%	33.58%
6	怒江州兰坪县河西乡	普米族	3 618 人	23.9%	10.76%
7	怒江州贡山县独龙江乡	独龙族	4 052 人	76%	54.57%

表 7-6　　　　　　　　　　调查点农村经济发展情况

序号	调查地点	民族	农民人均纯收入	占全省平均	占全国平均
1	基诺族乡	基诺族	2 406 元	91.3%	58%
2	布朗族乡	布朗族	1 333 元	50.6%	32.2%
3	三台山乡	德昂族	1 383 元	52.5%	33.4%
4	户撒乡	阿昌族	986 元	37.4%	23.8%
5	匹河乡	怒族	923 元	35%	22.3%
6	河西乡	普米族	1 417 元	53.8%	34.2%
7	独龙江乡	独龙族	747 元	28.4%	18%

实地调查及从不同来源获取的资料数据说明，云南省境内的七个人口较少民族由于居住地资源环境条件和其他因素的差异，在发展程度上有所差别，但总体上滞后于全国、全省平均水平。以农民人均纯收入指标为例，最高的基诺族比全省平均水平低 228 元；最低的是独龙族，仅有 747 元，约为全省平均水平的 28%，比国家确定的绝对贫困人口收入线 785 元还低 38 元，可以说独龙族整体处于不得温饱的绝对贫困状态。户撒乡的阿昌族中有绝对贫困人口5 460 人，低收入人口 9 185，占阿昌族人口的 69%。怒族农民人均纯收入总体低于国家确定的低收入人口线，绝大部分群众仍然没有找到稳定解决温饱的出路。

人口较少民族聚居区经济社会发展滞后有多方面的因素。一是自然条件恶劣，农业生产资源匮乏，如怒江流域多为高山陡坡，可耕地面积少，垦殖系数不足 4%。耕地沿山坡垂直分布，76.6% 的耕地坡度均在 25 度以上，可耕地中高山地占 28.9%，山区、半山区地占 63.5%，河谷地占 7.6%。二是农村基础设施薄弱，虽然基本实现了建制村水、电、路、广播电视的"村村通"，但成效尚不显著。通建制村公路多为土路，晴通雨阻，20%~30% 的自然村还不通公路；一些村修建了自来水设施，但水管并未接通到农户；未通电的农户数量仍较多；广播电视覆盖率虽然达到 90% 以上，但许多农户买不起电视机，难于了解国家的政策、市场信息和外部世界的发展变化。三是公共服务事业发展缓慢，农村教育资源不足，人口较少民族群众的平均受教育年限不到 6 年，许多人不懂汉语，劳动力素质普遍偏低，农村实用技术人才缺乏。福贡县怒族聚居区没有教学点的 20 户以上的自然村有 5 个，学校危房及损坏房共有 4 046 平方米。农村医疗卫生条件差，缺医少药问题突出，因病致贫、因贫致病现象交织发生。普米族聚居区疫病防治体系薄弱及不科学的饮食习惯导致绦虫病感染范围广，感染率高。据对普米族 5 个自然村的调查，感染率达 53.93%，还有不少"结核家庭""结核村"。四是产业结构层次低，非农产业数量少、规模小，传统农业在农村经济体系中的比重多在 80% 以上，特别是缺乏从事农产品加工、运销的龙头企业带动，自给自足的自然经济还占据主导地位。五是许多人口较少民族聚居区紧邻边境，走私、毒品、艾滋病等不安全因素对当地经济社会稳定造成不良影响。德宏州潞西市三台山德昂族聚居区 2008 年在册吸毒人员 113 人，现有吸毒人员 36 人，艾滋病人及艾滋病病毒携带者 20 人。孟海县布朗山布朗族聚居区三年来全乡共收戒吸毒人员 144 人。陇川县户撒乡有艾滋病人及艾滋病病毒携带者 99 人。

三、对策措施

根据对调查地干部群众的走访和我们的分析，人口较少民族聚居区经济社会发展限制因素多，而加快发展的要求又极为迫切，需要国家制定特殊的支持政策，才能尽快缩小人口较少民族聚居区与其他地区的发展差距，使人口较少民族群众能与全省、全国人民一道同步建设小康社会。

为此，需要采取以下主要措施：一是制订和完善促进人口较少民族经济社会发展的长远规划，针对各人口较少民族聚居区特定的环境条件和现实基础，确定明确的发展目标、主要的建设项目和具体的扶持措施。二是集中财力实行较大规模的连续投资，一次性、高起点进行农村基础设施和公共服务体系建设，从根本上改善农民的生产、生活条件。三是结合新农村建设和民居改造对村镇布局体系进行优化调整，加快丧失生存条件地区和重大自然灾害易发区人口搬迁步伐，以移民新村建设的形式替代对茅草房、杈杈房单家独户就地进行改造的形式。四是基础设施建设和优势特色产业建设并重，把农田基本建设放在更加突出的位置，大力改善能够增收富民的优势特色产业的生产经营条件，着力培育民族地区和民族群众的自我发展能力。五是扶持发展以农产品加工业为龙头的非农产业，拓展农业功能，拓宽农业市场，延长产业链条，提升产业层次，开辟增加农民收入和促进农民就业的新渠道。六是加强民族文化资源的保护和开发，逐步在中小学中开展双语教学（汉语和本民族语言），发掘和整理民族文化艺术成果，培育和发展具有鲜明特色的民族区域旅游业。七是对区域面积大、涉及怒族人口较多的怒江水力资源开发给予特定的支持，尽快确定方案，尽早投入开发，以从根本上解决怒江流域包括怒族在内的少数民族群众的脱贫问题。

第七节　农业龙头企业带动农村劳动力就业情况调查

调查案例：云南煜欣生物科技有限公司调查分析

一、地理位置分析

云南煜欣生物科技有限公司位于云南省曲靖市沾益县，沾益县位于云南省东部、曲靖市中部，总面积 2 910 平方千米，自古就有"入滇锁钥""入滇门户""入滇第一州"之称，地处东经 103 度 29 分~104 度 14 分，北纬 25 度 31

分~26 度 6 分，属低纬度高原季风气候区，平均海拔 2 000 米，年降雨量 1 000 毫米，年平均气温 14 摄氏度。

二、交通情况分析

云南煜欣生物科技有限公司基地，距离曲靖高铁站 15 千米，距离宣曲高速公路 3 千米，距离曲靖市区 20 千米。从曲靖市到基地的路为水泥公路，路上车辆不多，路况畅通。基地内虽为土路，但路面平整，行驶车辆少，路况畅通。

三、自然资本分析

云南煜欣生物科技有限公司在沾益县盘江镇流转土地 4 200 余亩，使用权 50 年，有丰富的土地资源，并且基地区域内有蓄水库 1 座，水利资源丰富。基地建有中药材良种繁育生产示范基地 1 000 亩，其中滇重楼良种繁育和规范化种植基地 300 亩，白及、三七、独定子、小草乌、金铁锁和黄精等良种生产繁育基地 600 余亩。引进栽种车厘子 500 亩，红肉苹果（Red Love119/06）200 亩。具体如图 7-3 所示。

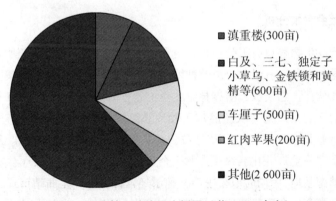

图 7-3　流转土地使用比例图（共 4 200 余亩）

四、物质资本分析

云南煜欣生物科技有限公司于 2013 年 8 月注册成立，注册资本为 600 万元。成立以来，先后投资 4 300 余万元，2014 年实现产值 1 941 余万元，实现利润 45 247 万元。目前经营状况良好，"十三五"规划期间，公司计划投入 5 000 万元，建立全国最大白及良种生产繁育基地。

五、人力资本分析

云南熠欣生物科技有限公司目前有正式员工 22 人，其中高级技术人员 6 人，外聘专家 4 人。公司聘请著名植物学家李恒教授作为公司技术顾问，省农业科学院药用植物研究所副所长刘大会博士在基地建立专家工作点。具体如图 7-4 所示。

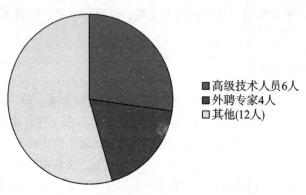

■高级技术人员6人
■外聘专家4人
□其他(12人)

图 7-4　正式员工比例图（共 22 人）

六、社会资本分析

云南熠欣生物科技有限公司是云南省农业科学院药用植物研究所合作科研基地，是昆明中药厂有限公司白及种植战略合作伙伴，是云南白药集团重楼种植战略合作伙伴。它还被云南省林业厅授予"省级龙头企业"，2013 年 1 月被曲靖市农业产业化经营与农产品加工领导小组评为"曲靖市农业产业化市级重点龙头企业"，2014 年 6 月 20 日被沾益县农业产业化经营与农产品加工领导小组授予"农业产业化县级重点龙头企业"，2015 年被省科技厅认定为"中药材良种繁育基地"，同时取得中药材种子经营许可证，是曲靖市最大的名贵中药材良种繁育生产示范基地和龙头企业。

七、发展模式分析

云南熠欣生物科技有限公司目前与云南省农业科学院药用研究所签订合作协议，合作开发重楼、黄精、白及等中药材资源，并且现在与云南白药集团中药资源有限公司签订 500 亩重楼保底收购协议，与昆药集团股份有限公司签订 1 000 亩白及保底收购协议，使产品的销售有保障。

八、带动情况分析

云南煜欣生物科技有限公司于 2015 年通过"公司+合作社+基地+农户"的形式成立了"沾益县创富中药材种植专业合作社",以保底收购滇重楼、白及的模式带动周边乡镇种植滇重楼、白及 500 余亩。公司大量吸收当地群众到基地季节性务工,每年用工量达 8 000 个工作日,每天平均用工人数在 20~30 人,每名务工人员每天工资为 70~80 元,群众务工性收入达 70 万元以上,基地每年支付人工费达 10 万元。项目示范带动农户 500 户以上,种植滇重楼、白及、黄精规模为 2 000 亩以上,年产值 3 000 万元以上,年可增加农户户均收入 1 万元以上。

九、发展前景分析,以重楼为例

(一)收入分析

重楼每平方米可产干品 0.8 千克,市场价格为干品 800~1 000 元/千克,鲜品 500 元/千克。重楼的茎叶是 10 元/千克,果实是 6 000 元/千克。现以 100 平方米为例:

收入:

100 平方米可产 80 千克,按 800 元/千克计算:80×800=64 000(元)。

茎叶、果可收入 10 000 元。

100 平方米收入:64 000+10 000=74 000(元)。

支出:

生产资料 100 平方米为 2 000 元(足够),公司种苗技术费 18 000 元。

支出合计:2 000+18 000=20 000(元)

由此可计算 100 平方米收益:收入 74 000 元−支出 20 000 元=54 000 元。

(二)价格趋势分析

20 世纪 80 年代中期,重楼市价仅 2.7 元,1992 年为 4.5 元左右,1993 年为 6~7 元,1994 年为 7~8 元,1995 年为 14~17 元,1996 年为 15~20 元,最高时为 22 元左右,1997 年为 17 元左右,1998 年为 18 元左右,1999 年为 20 元左右,2000 年为 23 元左右,2001 年为 23~28 元,2002 年为 30 元左右,2003—2005 年为 35~40 元,2006—2008 年为 45~55 元,2009—2010 年为 65~100 元,2014 年为 120~180 元。具体如图 7-5、图 7-6 所示。

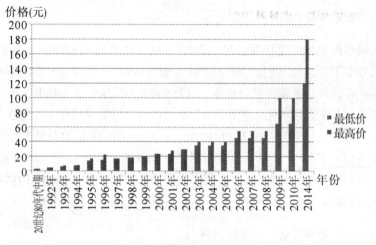

图 7-5　价格趋势图（一）

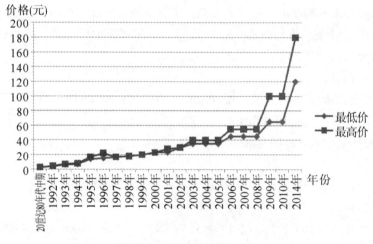

图 7-6　价格趋势图（二）

十、经营中遇到的困难

药材自身的特性决定了它的种植周期长、投入时间长、经营效益显现慢、资金回流慢。在种植初期（前 2 年）基本处于纯投入状态。原因是有的中药材种子需要两年半的时间才能发芽，有的甚至需要三四年的时间才能发芽。农户由于不能很快地看到资金回笼，并且担心中药材的销路问题，对于是否加入种植中药材的队伍犹豫不定。

十一、基地进一步发展规划

通过"互联网+"的模式，拓宽销售渠道，同时通过产品在互联网的展示，让产品优势被大众看到，树立良好口碑。通过订单种植的方式，保障一定的产品销售，树立种植品牌，提高种植效益，解决传统药农无品牌、无议价能力的局面。通过精细化农业种植模式，带动中药材种植转型升级。

通过"公司+合作社+基地+农户"的方式，按照 CAP 种植要求，结合沾益县地域环境，种植有市场、效益高的中药材品种，打造地域品牌。同时按照"有主体、有基地、有加工、有品牌、有展示、有文化"的标准，建设高起点、高标准、高现代化的农业庄园。

第八章　专题研究

第一节　云南省农民收入状况的调查分析

摘要：基于抽样调查的数据，本文在对 2011 年云南省富宁县洞波乡那石村农民的收入状况进行统计描述的基础上，对农民收入的影响因素进行了实证分析。实证结果表明：耕地状况依然是决定农民收入的基本因素；农作物种植结构和农村非农产业发展水平是影响农民收入的关键因素；农民科技文化素质水平与农民收入呈正相关；务工收入在农民收入中的比重凸显。

一、引言

近年来，随着我国收入分配制度改革的不断深化，居民的收入分配格局发生了巨大变化，一个高收入特殊利益群体正在形成，而包括农民在内的弱势群体的收入增长日趋缓慢，居民收入之间的差距呈现出不断扩大的趋势。据研究显示，我国 1% 的家庭掌握了全国 41.4% 的财富，财富集中度远远超过了美国，农村居民的基尼系数由改革开放初期的 0.2 左右提高到了 2008 年的 0.48，[1] 已突破 0.40 的"国际警戒线"。收入差距的不断扩大，容易引起农民这一弱势群体的不满，影响社会稳定。2004 年以来，尽管这一问题已引起中央的高度重视，出台了一系列关于农民增收的文件，实施了一系列农民增收的重大优惠政策和措施，农民收入状况有了一定的改善，但其收入偏低的格局依然没有改变。尤其是地处西部边疆地区的云南，由于受自然、历史和社会经济发展水平等因素的影响，农民还很贫困，其收入状况与全国还有很大差距，基于此，本文以云南文山富宁县洞波乡那石村农民为样本对象，对其 2011 年农民收入的基本情况、来源结构、影响因素等进行调查，掌握目前农民收入的状况、存在的问题，提出提高农民收入水平、调整农民收入结构、拓宽农民收入渠道的建议。

二、调查区域的基本情况

那石村位于云南省文山州富宁县洞波乡西北部，是一个典型的西部边穷少数民族村寨，全村群众均为壮族，有土地面积 2.35 平方千米，气候温和湿润，属亚热带季风气候，年均气温 19.4 摄氏度，年均降雨量 1 199.4 毫米。适宜种植油茶、甘蔗、水果等经济作物，盛产水稻、玉米等粮食作物，全村经济收入以种植、养殖、经商和外出务工为主。2011 年全村有 43 户 206 人，其中主要劳动力有 141 人，占总人口的 68.4%。有耕地 181.11 亩（其中水田 88.04 亩、旱地 93.07 亩），人均耕地面积仅有 0.879 亩，低于全乡 1.07 亩的水平。2005 年已实现硬化道路建设，目前全村已实现了通水、电、路、电视、电话五通工程。全村 15 岁及以上人口中，文盲和半文盲率为 13.21%，小学文化水平占 60.08%，初中文化水平占 20.51%，高中文化及以上水平占 6.2%。[2]

三、问卷调查的统计分析

（一）样本描述

本次调查对象包括云南文山富宁县洞波乡那石村全部住户。为了准确、具体掌握那石村农民的收入结构和增长情况，本次调查采取问卷调查和访谈两种方式。调查问卷由 3 个部分 20 个问题构成，第一部分包括调查对象 2011 年的基本情况、农户的劳动力情况、收入来源、人均收入水平、收入变化、收入结构等 14 个问题；第二部分包括影响农民收入增长的相关因素，以及增加农民收入的建议等 5 个问题；第三部分包括种植业、养殖业、林业、经商收入、工资性收入、务工收入、其他收入共 7 个方面的成本—收益统计。调查采取入户方式，问卷发放以户为单位，每户发放一份，共 43 份，最后收回问卷 43 份，有效问卷 43 份，问卷回收率为 100%。访谈对象为农户中的主要劳动力。

（二）收入状况分布

1. 总收入分布

调查结果显示，2011 年，那石村全村总收入为 1 233 346 元，人均家庭总收入为 28 682.47 元。在全村 43 户中，有 29 户认为家庭收入增加了，占 67.44%；有 4 户认为家庭收入减少了，占 9.3%；有 10 户认为家庭收入没有发生变化，占 23.26%。从农户家庭收入分组调查结果可以看出，收入在 1 万 ~2 万元、2 万 ~3 万元、3 万 ~4 万元的农户分别占全村总户数的 20.9%、

20.9%、37.2%，5万元以上的占9.3%，1万元以下的占2.3%。具体如表8-1所示。

表8-1　　　　　　　　2011年那石村农户收入分组调查统计

分组区间	第一组 1万元以下	第二组 1万~2万元	第三组 2万~3万元	第四组 3万~4万元	第五组 4万~5万元	第六组 5万元以上	合计
户数(户)	1	9	9	16	4	4	43
占比(%)	2.3	20.9	20.9	37.2	9.3	9.3	100
收入合计(元)	7 200	136 144	232 850	533 927	170 920	207 000	1 288 041
人口合计(人)	3	34	41	80	22	26	206
人均收入(元)	1 690	4 004	5 679	6 674	7 769	7 961	33 777
劳动力(人)	2	22	29	54	15	18	140
人均纯收入(元)	—	3 754	3 322	3 912	4 051	4 278	26 517

2. 人均纯收入分布

表8-1显示，在6组中，人均收入分别为1 690元、4 044元、5 679元、6 674元、7 769元、7 961元，其中最低的是第一组，为1 690元，最高的是第六组，为7 961元；年人均纯收入在3 300~4 300元。另据那石村所在洞洪村村委会的统计结果显示，在2002—2011年，全村农民人均纯收入的金额从2002年的805元增加到了2011年的3 757元，11年增长了4.7倍，年均增速达到15.4%，除2007年、2008年有所下降外，其他年份都有较快增长。具体如图8-1所示。

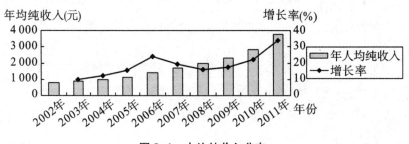

图8-1　人均纯收入分布

3. 收入结构分布

我们知道，农民的收入与其从事的生产经营活动紧密相连。调查发现，全村43户农户中，大多数都从事种植业活动，同时还从事畜牧、外出打工、经商等活动。其中种植户38家，占全村住户的88.4%；养殖户34家，占

79.1%；经商的 8 家，占 18.6%；外出务工的 32 家，占 74.4%。生产经营等活动的多样化决定了收入来源结构的多样化，从图 8-2 中可以看出，在收入来源结构中，种植业收入占 21%，畜牧业收入占 12%，林业占 3%，经商收入占13%，外出务工收入占 43%，乡镇企业工资性收入占 1%，政府各类补贴占4%，其他占 3%。其中比例最高的是外出务工收入，最低的是乡镇企业工资性收入。

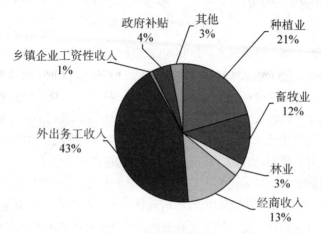

图 8-2　收入来源结构

（三）农民收入特征分析

1. 农民收入持续增长但总体水平较低，差距仍然较大

图 8-3 显示，2002—2011 年，那石村农民收入实现了持续快速增长，但与全国、全省相比仍有很大差距。以 2005 年和 2010 年为例，2005 年，全国、云南、那石村的农村居民家庭人均纯收入分别为 2 254.93 元、2 041.79 元、1 143 元，那石村农民家庭人均纯收入相当于全国 51%、云南省的 56%；到2010 年全国、云南、那石村的农村居民家庭人均纯收入分别增加到 5 919 元、3 952 元、2 807 元。纵向看，全村农民收入有了较快增长，5 年翻了 2.45 倍，但从横向看，全村农民家庭人均纯收入仅相当于全国的 47.4%、云南省的71%。从数据可以看出，与全国相比其差距拉大了。

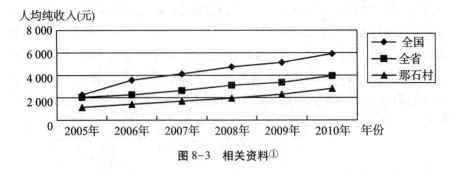

图 8-3　相关资料①

　　调查发现，那石村农民人均纯收入持续增长的原因：一是那石村地处西部边疆落后地区，随着西部大开发战略的深入实施，农民在国家政策中得到了实惠，农民收入稳步上升；二是全村农田水利、道路等基础设施得到全面建设，极大地推动了农民收入水平的提高；三是随着外出务工人员的逐年增加，其收入也逐步成为农民收入的主体；四是随着 2010 年云南富宁永鑫糖业有限公司的建成，全村农民种植甘蔗，从而增加了种植业收入。

　　但与此同时，全村农民收入与全国、全省相比差距仍然较大。主要原因在于，一是那石村地处西部边疆民族落后地区，受自然条件、历史条件的影响，与全国发达地区相比农民收入水平起点低；二是全村地处山区，耕地资源质量不高，旱地占到 51.4%，农业产出率相较于全国其他地区偏低；三是所在省市与全国其他地区相比，第二、三产业发展落后，农民就业受限，收入受到影响。

　　2. 收入来源呈现多样化

　　近年来，随着市场经济的发展，产业结构的优化调整以及市场体系的不断完善，尤其是要素市场的建立，农民工在城乡之间、地区之间的流动性加强，使得那石村农民逐步摆脱了收入来源结构单一的困境，呈现出了多元化的格局。第一，家庭农业生产经营收入。这是实行承包责任制后农民取得收入的最主要方式，也是最稳定的方式。据调查数据显示。2011 年那石村种植业、畜牧业和林业的总收入为 439 100 元，占全村总收入的 36%，但在访谈中发现，家庭农业生产收入所占比例有下降趋势。其原因是近年来由于种养业成本高，收益低，影响了农民的生产积极性。第二，非农经营收入。近年来，当地工业、商业等第二、三产业，成了在乡农民的一个重要增收点。2011 年，全村从事经商的有 8 户，经商收入为 160 000 元，占全村总收入的 13%，经商已成

---

　　① 数据来源：中国统计年鉴及洞洪村村委会提供的资料。

为村民发家致富的新路子。第三，外出务工收入。伴随着20世纪80年代末90年代初"民工潮"的出现，那石村农民外出务工成了获得农业收入以外收入的新选择。2011年，那石村外出务工收入为532 300元，占全村总收入的43%，目前外出务工已成为全村最主要的收入来源。第四，集体经济收入。当地的乡镇企业如木薯淀粉加工厂、云南富宁永鑫糖业有限公司的发展，也给农民带来了一定收入，但比例不大，2011年全村乡镇企业工资性总收入仅为9 900元。第五，其他收入。它包括来自各种财产性收入、政府补贴收入、亲友赠送等收入。目前这部分收入占到总收入的7%，其中由种粮补贴、农资综合直补、退耕还林补贴、低保构成的政府补贴占4%。

3. "打工经济"成为农民收入的主体

调查数据显示，2011年，那石村全村43户中，外出务工的有32户，占全村住户的74.4%，总的外出人数有48人，占全村总人数的23.3%，占全村劳动力总人数的34%，外出务工为那石村创造经济收入532 300元，占全村总收入的43%。访谈发现，除春节期间，平时村里基本看不到青壮年劳动力，这部分劳动力已经从农村转移到城市，从本地务农转移到外地务工。农民非农就业增加，劳动报酬收入的比重日益扩大，"打工经济"已成为农民收入的主体。其主要原因：第一，随着省内外工业经济的快速发展和城镇建设规模的扩大，农民外出务工的机会也增加，为农民工的季节性转移和稳定性转移创造了条件。调查发现，2011年那石村平均每户有1人外出打工，人均一年出去5.3个月，平均月收入为1 590.9元。第二，乡政府采取"培训+搭台"的措施，加大劳务知识、技能等培训力度，增加输出劳务人次，促进农民增收。[3]据村干部介绍，2011年3月份，全村有18名男性青年参加了由乡政府组织的电焊工技能培训，并最终有3人到与乡政府搭台的公司工作，月收入达1 700元以上。据了解，这样的培训政府每年都要举行3~4次。第三，农民外出务工的成本相对于从事其他行业的成本低，且现金收入高，进一步促使农民外出务工。调查结果显示，2011年那石村种植业的总收入为253 900元，其中总成本为131 400元，占总收入的51.6%；畜牧业的总收入为147 900元，其中总成本为81 200元，占总收入的54.9%；经商总收入为160 000元，其中总成本为90 500元，占总收入的56.6%；而外出务工总收入为532 300元，其中总成本为201 600元，占总收入的37.8%。相比之下，外出务工成本较低。此外，据外出务工的村民反映，外出务工收入至少占到他们家里现金收入的60%以上。

四、农民收入的影响因素分析

（一）人均耕地少，农业生产成本高，种植收益低

那石村人均耕地面积不到 0.88 亩，低于全国 1.37 亩和云南省 2 亩的水平。在"影响农民家庭收入增加的主要原因"的选项调查中，81.4%的家庭认为人均耕地少、农民人均占有资源太少，是造成农业生产成本高的重要原因，由于农民人均耕地严重不足，农户经营规模小，生产成本明显提高。[4]在"影响种植业效益的因素"的选项调查中，有 81.4%的家庭认为种植成本高。调查还发现，目前大部分农户不愿意种植农作物，2011 年那石村有 5 户不种植任何作物，其中 1 户的耕地已经出租，另外 4 户送给亲友种植。农民不愿种植农作物的原因，一方面，由于农资价格大幅提高，尤其是农药、化肥价格近几年年年攀升，影响了农民的生产积极性；另一方面，农业种植耗时耗力，且收益不高。调查数据显示，那石村农民种植业收益率为 48.4%（没有扣除劳动力成本）。据村干部介绍，要是扣除劳动力成本种植业几乎没有什么收益。从气候条件看，那石村属亚热带季风气候，温润潮湿，适宜种植双季稻，但由于农业种植效益低，90%的耕地只种一季，耕地闲荒现象严重，一定程度上也影响了种植业收入的提高。此外，国家虽在保持家庭联产承包经营的前提下鼓励土地流转，但农民对土地保守，使土地流转缓慢，导致分散种植，不便管理，耕地利用率偏低，不利于发展高效农业，加上长期形成的自给自足意识，使农民很难跳出小农经济的圈子。[5]耕地没有得到有效利用，影响了土地收益率的提高。

（二）效益观念不强，种植结构不合理

那石村的自然资源为种植甘蔗、油茶、蔬菜、木薯等经济作物提供了得天独厚的适宜条件。从当地的收益率来看，种植粮食作物一般产量在 500~800 千克每亩，每亩收入在 700~1 200 元，而经济作物一般产量在 2 500~6 000 千克每亩，每亩收入在 1 250~3 000 元，种植经济作物的效益远远高于粮食作物的效益。但调查发现，由于受传统种植习惯的影响，全村种植经济作物的户数比种植粮食作物的户数少，在全村 38 户种植户中，粮食种植户占 100%，经济作物种植户占 81.6%。从种植面积来看，全村粮食作物种植面积占到耕地面积的 65%，而经济作物种植面积仅占 35%。这种未发挥本地优势，不考虑农产品价格因素的农作物种植结构，必然影响到同一地块的投入产出效率。

（三）非农产业发展滞后，本地就业空间小

实践证明，农村非农产业即农村第二、三产业的发展水平是增加农民收

入、促进农村发展的关键。调查发现，全村由于受地理和经济社会发展条件的制约，非农产业的发展不仅数量少，而且规模小，全乡仅有两家乡镇企业，村级层次的集体企业那石村一个也没有，以个体和家庭经营为单位的经济形式是目前全村非农产业发展的主要形式。我们知道，个体经济具有投资小、经营灵活、适应能力强等特点，但缺陷是劳动力容纳量小，竞争力不强。落后的第二、三产业，限制了村民在本地就业的空间，也是农民收入中乡镇企业工资性收入水平偏低的原因所在。

（四）农民文化素质不高

调查发现，全村5户高中文化水平的家庭总收入为220 310元，占全村总收入的17.1%，人均纯收入为4 287.6元；11户初中文化水平的家庭总收入为391 277元，占全村总收入的30.4%，人均纯收入为3 963.5元；27户小学文化水平的家庭总收入为676 454元，占全村总收入的52.5%，人均纯收入为3 574.6元。从这些数据可以得出，农民收入水平的高低与其文化程度呈正相关。调查显示，全村村民中具有小学文化水平的有27户，占62.8%；具有初中文化水平的有11户，占25.6%；具有高中文化水平的有5户，占11.6%。文化素质总体偏低，已成为农民在观念转变、就业、农技推广和增收致富方面的重要障碍。

五、增加农民收入的几点建议

根据前面的分析，本文提出以下几点建议：

第一，进一步完善农产品保护制度。在由政府主导的市场经济向市场主导的市场经济转变的过程中，如何建立有效的农产品生产成本与农产品价格良性互动机制，确保农民的生产积极性不受到损害，实现农民收入有实质性较快增长，这是目前和今后一个时期农产品保护制度设计和政策制定的关键。

第二，加大农业基础设施建设力度。调查实证证明，对于贫困落后的民族地区，保护耕地，加强农田水利、道路等基础设施建设，仍然是实现增加农民收入的基本条件。借鉴发达国家经验，政府应当成为农用耕地最主要的保护者和农业基础设施建设投入的主体。

第三，发挥自身优势，优化农业结构。转变观念，打破传统的农业生产习惯，抓住新十年西部大开发和建设桥头堡战略的有利时机，发挥区域的自然、地理优势，因地制宜，调整农业种植结构，以市场为导向，积极发展见效快、价格高、具有自身特色和优势的农作物生产，是增加农民收入的有效途径。

第四，加快非农产业发展步伐。农民向非农产业转移既是改善民生，又是实现农民就业、增加农民收入的重要途径。因此，当地政府要着力培育骨干龙头企业，选择产量高、品质好、有特色、适应市场需求的农产品，发展加工业，延长产业链，增加农产品附加值，走"生产—加工—贸易"农业产业一体化的发展路子，实现农民收入的快速增长。

第五，注重提高农民的科技文化素质。数据显示，农民素质对农民收入增加具有显著影响。因此，一方面，要不断加大农民教育和培训的投入，提高他们的文化素质、科技素质、经营素质和管理素质，增强他们增收致富的综合能力；另一方面，当地政府要结合就业市场的需要，根据行业的特点和技能要求，有针对性地定期对外出务工人员开展培训，以拓宽他们的就业空间，提高他们的就业质量。

第二节　云南省怒江州农村小额信贷实施效果分析

摘要：农村小额信贷作为金融服务的制度安排和技术创新，可以为低收入群体提供进入信贷市场的平等机会，在促进农村信贷市场发展和改善低收入群体福利和收入方面发挥着重要作用。尤其是在建设社会主义新农村的形势下，在云南省怒江州这一集边疆、民族、贫困于一体的地区大力发展农村小额信贷对于农村脱贫就具有更加积极的意义。本文从怒江州农村小额信贷实施效果入手，分析存在的问题，提出创造小额信贷可持续发展的条件；加强对弱势群体的技能培训；坚持金融创新，规范和寻求适宜的监管方法；信用社本身要转变经营观念，提高支农服务水平等相应措施以更好地发挥小额信贷在农村扶贫方面的作用。

小额信贷最初由孟加拉国农业经济教授穆罕默德·尤努斯于 1976 年最先实施，并且取得了很好的效果。借鉴"孟加拉国"小额信贷制度的成功经验及国内其他地区的做法，云南省怒江州也开展了小额信贷业务。

一、怒江地区小额信贷实施现状

在怒江州，农村小额信贷指基于农户信誉，在核定的额度和期限内向农户发放的一种不需要担保的额度较小且具有反贫困、促发展功能的贷款种类。通过几年的发展，农村小额信贷制度有效地改善了农村资金短缺的现状，增加了农民的经济收入。怒江州小额信贷制度自实施以来，表现出发展速度快、涉及面广、效果好的特点。小额信贷制度对怒江州农村经济起了巨大的推动作用，解决了农村中低收入群体融资难的问题，同时促进了农民的脱贫致富，促进了农村经济和社会的发展。

二、怒江地区小额信贷开展存在的风险及原因

由于小额信贷制度自身的局限性以及外在因素的影响，其在发展的过程中暴露了一些问题，影响了自身的健康发展，使怒江地区小额信贷开展存在着一定的风险及问题。

（一）农村小额信贷的风险

小额信贷制度与其他商业信贷相比，面临着较特殊和显著的信贷风险。农村小额信贷风险的主要来源包括：①自然风险。怒江州种植业、养殖业受自然因素影响较大，一旦受灾，农业减产，将直接降低农民的还贷能力。并且，怒江州还没有普遍实行农业风险保险机制。②市场风险。广大的农民群体仍采用的是小规模的经营模式，缺少信息渠道，农产品的销售适应市场变化的能力较弱。③道德因素。小额信贷机制不完善，对小额信贷机构内部人员不能形成有效的制约，加之借款者对还款事宜抱有侥幸心理，导致小额信贷具有较大的道德风险。

（二）怒江州农村小额信贷存在风险的原因

1. 贷款利率偏低

国际上成功小额贷款的存贷差高达 8% ~ 15%，而在怒江州目前农村信用社资金成本在 4% ~ 5%，贷款利率只有 6% ~ 7.5%，而此时刚刚仅能使其自负盈亏。从实际执行结果看，怒江州绝大部分小额信贷项目执行的都是低利率政策，都没有从财务自立和可持续发展的角度制定合理的利率水平。要知道，一方面，小额信贷主体从本质上说是企业，而企业是以营利为目的的，利率水平的偏低，使放贷主体经济效益不高，放贷积极性受挫，从而不利于放贷主体的发展。另一方面，较低的利率使贷款者有可能降低对贷款的使用效率，从而增加了违约的风险；同时，较低的利率容易使各阶层争夺这份资本，往往使贷款落不到真正需要的人群手中，从而使小额信贷不能发挥应有的作用。

2. 贷款品种单一且额度小

农村小额信贷品种的单一性决定了小额信贷的规模不会很大，表面上看会降低信贷风险，从长远发展来看，不利于其抗风险能力的发挥。农村小额信贷额度设计得较小，能降低信贷主体的受损程度，但小额度的贷款一般满足不了贷款者的要求，经常出现相互担保、相约不还的现象，扰乱了金融秩序，反而

增加了信贷风险。

3. 管理疏漏

（1）外部监管不到位。长期以来，怒江州农村小额信贷的监管机制处于不完善状态。有关部门未对具体监管方式做出统一的规定，放贷主体和政府部门关系不明晰或不对称，造成监管困难。

（2）贷款机构内部管理疏漏。小额信贷机构内部管理机制松散，是造成风险的重要原因。贷款调查不到位，部分农户资信评估存在形式主义的现象。农村小额信贷的审查和信用评级主要靠村委会和农户，而村委会人员难免会在其中掺杂人情关系，使评估工作带有一定的随意性和片面性，信贷人员又缺乏对村委和农户的审查和调查，从而轻易地将贷款放出。更有甚者，贷款主体将材料交于村委代办，无形中使贷前审查环节落空，这些人为因素大大造成了小额信贷的高危险性。办理贷款手续审查不到位，造成了责任落空的风险。贷款主体在办理贷款时往往未按相关规定办理手续，在办理贷款时，贷款者往往仅凭身份证就取得款项，而造成签字人与身份证登记人本身不统一，造成最后责任承担落空的风险。更严重的，还可能涉及刑事责任。贷后审查的疏忽使贷款用途监管流于形式。贷款用途检查是降低贷款风险的重要环节，贷款用途的审核是贷前的必经环节。但在现实中，由于贷款主体工作人员的疏忽，加上贷款者多为农户等，法律素质较低，对贷款用途问题认识不清，很容易出现转为他用，或代他人贷款等现象，由此使还款风险大大加大。

三、促进怒江地区小额信贷发展的建议

到目前为止，怒江州小额信贷仍处于试验探索阶段，或者说是小额信贷发展的初级阶段，仍面临着各种各样的风险和挑战。但同时也由于小额信贷本身的特征和优势，小额信贷在怒江州具有广阔的发展前景和发展基础。虽然过去10多年怒江州小额信贷的放款业务增长较快，但小额信贷发展过程中仍存在一些明显的不足。在现阶段，要较好地发挥小额信贷的作用，必须注意和做好以下几个方面的工作。

1. 创造小额信贷可持续发展的条件

小额信贷是一种利用金融与市场的手段来帮助广大农民增加收入的一个好办法。然而农民特别是中低收入农民是社会中的弱势群体，同时农业又不是怒江州经济的比较优势所在，农村问题的解决更是一个复杂的系统工程。因此，仅靠小额信贷本身，靠农村信用社并不能完全解决"三农"问题。换句话说，国家有必要也有责任来帮助农村信用社克服各种障碍与不足。这些帮助不仅是

政策上的，可能还需要从资金上与行政上提供帮助。如果没有国家的重视和帮助，从纯商业的角度出发，金融机构可能并不愿意参与这项需求量巨大的小额信贷工作。要使参与小额贷款的金融机构能赚钱，国际经验证明，最关键的是利率的设置。在国际上成功小额贷款的存贷差要高达 8% ~ 15%。在中国，由于不需要建立新的金融组织来发放小额信贷，加之贷款的方式也较国外简便，因此成本可能比国外同类贷款低一些但可能也需要 5% ~ 7% 的利差。在目前农村信用社资金成本在 3.15% 左右的情况下，贷款利率在 8% ~ 10% 才能使项目自负盈亏。

2. 加强对弱势群体的技能培训

小额信贷成功的经验表明，对农民借贷者的培训是小额信贷成功的关键所在。农民作为市场中的弱势群体，对迅速变化着的市场反应不够灵敏，对适用技术的了解不够。因此要加强对弱势群体的技能培训，使他们能有效地使用小额贷款。实践证明，一个没有生产技能和缺乏创业知识的人，即使拥有了小额贷款也难以使其发挥效力。因此政府要强调科技扶贫，要帮助农民找到好项目，学会技术，并在生产中加强技术指导。

3. 进一步加大宣传力度

针对有的农户认为有贷款影响自己在村中的声誉，也有的人将评定后的贷款证借与他人使用，使信用社的贷款证信用评定工作不能很好开展，以及部分农户信用观念淡薄，重视贷款不重视归还，加上村班子不够稳定，更换频繁，小额农贷得不到当地村委会有力支持等现象，相关政府部门及农村金融机构应通过多种方式来提高农户对小额信贷的正确认识，引导农户正确使用小额信贷。对于使用小额信贷已经成功的典型案例要扩大宣传，使农户真正认识到小额信贷对于农民增收的重要作用，从而扩大小额信贷的影响力。

4. 坚持金融创新，规范和寻求适宜的监管方法

要为小额信贷可持续发展创造有利的外部环境，要规范和扶持小额信贷试点项目，探索相应的规则和条件，寻求适宜的监管方法，以使怒江州小额信贷能够沿着健康的轨道发展，并将其纳入怒江州金融体制改革的总体设计中考虑。对现有的各类小额信贷机构，视具体情况采取区别对待的政策。经过调整或改造及完善，符合条件的，允许合法存在并给予金融支持。同时，培育专营小额信贷业务、市场化运作的小额贷款组织。建立农村农业小额信贷保障体系，如开展种养业保险等，从而分散农业小额信贷承担的风险，使信用社有更多的信贷资金，更放心地支持农户的发展。

5. 信用社本身要转变经营观念，提高支农服务水平

第一是对较大额度的贷款，根据情况可适当扩大授信额度，也可采取联保贷款的方式，解决部分农户担保能力差的问题。第二是各基层社区要进一步转变观念，增强为"三农"服务的责任感和使命感。信贷人员要深入到农户，主动上门服务，加大宣传力度，让所有农户了解农村信用社的政策、原则、宗旨和服务方向。第三是要根据不同农时和农民生产、生活的需要，合理确定农户贷款的期限，要尽可能与农业生产周期相结合，在优先解决农民种养业资金需要的前提下，积极开办农民需要的住房、教育等消费性贷款。第四是在实施信用村试点基础上，扩大信用村的影响，要积极争取人行监管部门、各级政府的支持，积极创建信用乡镇、信用社、信用户，共创金融安全区。

第三节　农民专业合作社案例实践调研分析
——以云南省巍山县河西村为例

摘要：随着农村经济的不断发展，为了切实增加农民收入，在全国范围内作为保护和改善农民经济利益的互助性专业合作社不断涌现。就云南省而言，存在着基层农民专业合作社发展相对缓慢，对贫困农户增收带动效果不明显的现象。针对这一问题，本文基于对云南省巍山县河西村绿态蔬果合作社调查和分析的基础上，对基层农民专业合作社取得的主要成绩和存在的问题进行总结，提出了农民专业合作社成功经验的推广建议和未来发展方向的思考。

近年来，随着农业基础地位的不断稳固，支持农业发展的方式、方法越发趋于多样化，其中以农民专业合作社为代表的农民经济合作组织，有效地连接了"小农户"和"大市场"，将农产品市场在一定程度上化整为零，有效提升了竞争力，已经得到广泛推广和普遍发展。《中华人民共和国农民专业合作社法》[1]中对农民专业合作社给出了简要定义，包括两个方面的内容：一方面，从概念上规定合作社的定义，即"农民专业合作社是在农村家庭承包经营基础上，同类农产品的生产经营者或者同类农业生产经营服务的提供者、利用者，自愿联合、民主管理的互助性经济组织"；另一方面，从服务对象上规定了合作社的定义，即"农民专业合作社以其成员为主要服务对象，提供农业生产资料的购买，农产品的销售、加工、运输、贮藏以及与农业生产经营有关的技术、信息等服务"[2]。截至 2011 年年底，全国农民专业合作社突破 50 万

家，实有入社农户突破 4 000 万户，约占全国农户总数的 16%。农民专业合作社广泛分布在种植、畜牧、农机、渔业、林业、民间传统手工编织等各个产业，助农增收明显，入社农户收入比非成员同业农户收入高出 20% 以上。2012 年，中共中央、国务院印发《关于加快推进农业科技创新持续增强农产品供给保障能力的若干意见》，是新世纪以来指导"三农"工作的第 9 个中央一号文件，明确提出要加大农业投入和补贴力度，加大对种养大户、农民专业合作社、县域小微型企业的信贷投放力度，扶持农民专业合作社、供销合作社等社会力量广泛参与农业产前、产中、产后服务，促进农民专业合作社规范运行。由此可见，农民专业合作社在未来的农业生产和交易中将占有重要的地位，将成为政府扶持农民，促进农业发展、农民增收的主要工具。

一、调查对象与方法

农业是弱势产业，农民是弱势群体，农村是缩小地区差异发展的主战场。在市场竞争不断加剧的情况下，规模小、分散的农户面临着极大的风险和挑战。只有把农民组织起来，成立一些农民合作组织，通过农民自身的组织来维护和争取农民在经济社会中应有的权益，才能使农民和农业适应市场化的需求。为了深入了解云南省农民专业合作社的发展情况，我们选择了滇中现代化农业示范县大理市巍山县南诏镇河西村作为调查地。

河西村距巍山县城 3 千米，距南诏镇政府所在地 3.5 千米，道路为弹石路，交通比较方便。下辖一个行政村等 14 个村民小组。现有农户 654 户，有乡村人口 2 506 人。其中：农业人口 2 506 人，拥有劳动力 630 人，从事第一产业的人数为 1 551 人。全村国土面积 34 389.17 亩，海拔 1 760 米，主要种植水稻、玉米、烤烟、芸豆等农作物。全村拥有耕地面积 3 249 亩，人均耕地 1.3 亩，90% 以上是坡地，林地 20 173.5 亩。2006 年全村经济总收入为 610 万元，农民人均纯收入为 1 512 元。该村农民收入主要以种植业为主。本次调查共向河西村村民随机发放问卷 100 份，收回问卷 91 份，有效问卷 87 份。对村委会干部和农民专业合作社负责人则是采用面对面的访谈调查方式。调查结束时共形成 6 份访谈记录。通过对所得资料数据的归类整理及汇总分析，调查组得出一些关于农民专业合作组织的看法与思考。

二、河西村农民专业合作社概况

（一）起步

在调查的过程中调查组了解到，河西村并没有乡镇企业、个体企业，在往年，农户们只是以家庭为单位，自发地进行传统种植，收入普遍在一个比较低的水平上。2008 年在全村"稳烟兴粮"狠抓林、果、畜的大背景下，为了切实增加村民收入，本着"民办、民管、民受益"的原则，巍山县绿态蔬果农民专业合作社于 2008 年 8 月 27 日成立。合作社有社员 128 户，主要由河西村委会传统种植蔬菜的小河、毛家箐、团山、兴禾厂、梨园五个社组成。

在合作社成立之初，在村干部积极带动下，极少数的村民参加了合作社，甚至不足 10 户，更多的农户选择了观望。但是村委班子并没有放弃，他们请来县城里的"蔬菜大王"成立了蔬菜协会，作为村民加入合作社的一个过渡，打消村民的顾虑。协会主要对荷苞豆、小南瓜两个地方特色商品蔬菜进行收购和贩卖。在协会成立之初，这些产品在市场上可以说是毫无竞争力，销售完全是从零开始的。

（二）发展

开拓市场的前半年，合作社、协会通过免费赠送（教授烹调方法）等方式，将荷苞豆这一新品种先推入餐馆让市民品尝，慢慢地在市场上传播开来，渐渐地得到了多数消费者的认可，价格上升并渐趋稳定，需求量明显提高，参加的农户享受到了巨大的实惠。与此同时政府出资帮助合作社兴建了办公室、仓库，再后来建成了的农家书屋成为合作社成员学习和讨论的好地方，在这里农户即能学习到新的技能知识，又能了解到新的销售信息、政策法规，是合作社帮扶农民发展不可或缺的重要场所。

通过不懈的努力，参加绿态蔬果合作社的社员数量不断增加，截至 2012 年 7 月，社员总数已达到全村农户的 20%，全村蔬菜种植面积已从原有的 1 200 亩上升到了 2 000 亩。合作社现有荷苞豆、小南瓜两个地方特色商品蔬菜近 1 000 亩，产量得到了保证。2010 年河西村被确定为农业综合开发无公害蔬菜基地建设重点村，且通过绿色食品认证，注册了"瓜江"牌商标，正在积极地准备进行有机蔬菜认证。河西村的产品已经进入了下关的蔬菜市场，荷包豆等明星产品更是已经远销广东、福建等地，全社上下正积极准备长期入驻昆明的农贸市场和大型超市。

"卖一天的豆子，够吃一年的大米。"合作社农户兴高采烈地说道。专业化合作生产有效地扩大了生产经营规模，提高了生产效率，保证了产品的质量和销售，不再出现原有的"产量小"或者"卖不掉"的状况，直接促进了农民增收。2011 年合作社农民人均收入超过 8 000 元，明显高出全县人均的 3 398 元。具体如表 8-2 所示。现在的河西村，蔬菜种植已经成了农民创收、增收共同的选择，专业合作社俨然成为带领农民致富的重要载体。

表 8-2	人均年收入对比	
年份	2010 年	2011 年
巍山县人均年收入	2 535 元	3 398 元
河西村社员人均年收入	6 000 元左右	8 000 元以上

（三）成熟经验

1. 发展模式

在蔬菜合作协会的基础上成立专业合作社，是河西村发展农民合作组织的特殊方式。"合作社+协会（公司、企业）+基地+农户"的模式实现了产销一体化，让农民能更好地加入到合作中来，成为生产和销售的真正主人。大力开展"农超对接""农企对接""农市对接"三大对接，促进合作社与城市超市、农副产品批发市场实现产销衔接，实现合作社与企业共同合作的新型模式，大大减少了中间费用，保证了农户收入。组织农民专业合作社社员参加产品展示、展销、洽谈推介活动，增加了农户的销售渠道和销售水平。通过扩大合作社产品销售半径，增强农民专业合作社的可持续发展能力。

2. 诚信经营

如今已经实现定点贩卖和电话贩卖相结合的河西村，在经营中坚持真实无欺的道德规范，不管外部条件如何变化都能恪守承诺。每一次的交易，他们宁愿自己给多了，也绝对不缺斤少两，保质保量成了合作社的交易原则。河西村在巍山县范围里塑造了良好的形象，成了其他村镇发展的榜样，为将来的健康发展打下了坚实的基础。从 2010 年开始，每户村民能得到 2 万~3 万元的农村信用合作社贷款，全社累计已到达数百万元。2 年来贷款数额不断增加的背后，体现的是合作社社员的良好品质。每一户村民都能按时还贷，信用评级越来越高，实现了资金来源多渠道，极大地缓解了资金不足的问题。

3. 科学管理

为了真正地实现民主，合作社的每一个决策都要对社员征求意见，2011年开始种植从福建引进新品种的荷包豆，就是集体决策的贯彻执行。2009—2012 年西南地区连续 3 年干旱，合作社体现出了其解决问题、应对灾害的优越性，全村新建小水窖 100 个、小水池 10 个、管网 8 200 米，输水沟 1 234 米，直到目前为止，几乎没有出现大规模农作物缺水的现象，不仅保证了整个合作社的用水，还让附近村庄也受益。河西村经过不断地摸索，创新出了符合自身特色的节水灌溉模式，国家财政也为其投资 47 万元用于该项目的建设。有了充足的灌溉，3 到 4 个月就可以完成一季蔬菜的生长，产量也有了较大幅度的提高。

三、加快农民专业合作社发展的建议

（一）利用相关法律及政策保驾护航

2007 年 7 月 1 日，《中华人民共和国农民专业合作社法》开始实施。它指出在今后农民专业合作社的发展、壮大中应该依托《农民专业合作社示范章程》《农民专业合作社财务会计制度（试行）》《农民专业合作社登记管理条例》等系列配套法规、政策，各级基层政府应当积极地响应，努力学习，进行分类指导和扶持。政府带头，才能消除农民的后顾之忧。在法律法规允许的范围内，进一步完善合作社发展的外部环境，按片区、区域，制订成立合作社计划，系统地规划，出台相应的地方政策，鼓励组织成立合作社的个人和集体，必要时对发展势头良好的进行表彰和奖励，快速增加合作社数量，提升农民专业合作社发展的质量。[3]

（二）提供资金支持

对有意向成立农民专业合作社的地区，应有较大力度的政策倾斜，安排专项资金和项目，把合作社作为支农惠农政策的主体，从根本上鼓励其发展。云南省少数民族地区、边远地区、贫困地区众多，在这些地方发展农民专业合作社要给予优先扶持。各级农村信用合作社、农业银行等国家政策性金融机构要降低贷款门槛，多形式、多渠道地提供资金支持，统筹金融业，为基层农民专业合作社发展提供有力、便捷的金融服务。[4]

（三）加大技能培训力度

农民是合作社最主要的参与者，农户集体素质、技能水平的提升直接关系到合作社未来的发展。县级农业局、教育局等相关部门应加快组织一批有知识、懂技术的相关教师、大学生志愿者等下到基层，培养本地农民，提升其管理、经营能力，促进他们成为有思想、有奉献精神、政策觉悟高的农民专业合作社带头人。加强技术支持，通过技术培训，提高多数农户的种植技术水平，以实现高水平、高标准生产，使合作社产品质量更上一个台阶。

四、发展方向

从总体来看我国农民专业合作社依然处于初级阶段，特别是在西部地区，起步晚、经验少的问题尤为突出。因此，必须借鉴和推广具有代表性的经验，加速农民专业合作社的发展与健全。未来，品牌竞争必将成为农民专业合作社的主要竞争手段，拥有的注册商标越多，合作社的竞争力也就越强。随着合作

社规模的不断扩大，必将出现几个合作社组成的合作联社，合作联社只要保持诚信经营，不断提升从事者素质，在缺少中间环节的优势下，与消费者需求相结合开拓市场，将会具有更大的竞争力，实现农民专业合作社的长远发展。

第四节　新生代农民工融入城镇化问题研究

摘要：本文认为，二元体制下城乡分割的户籍制度歧视以及由此带来的劳动低收入、市民化高成本、住房政策和教育文化歧视、社会保障和城市公共服务体系缺失仍然是新生代农民工融入城镇面临的困境。而价值取向、生活方式、心理与素质的变化以及维权意识的增强则是新生代农民工与传统农民工的不同所在。深化城镇户籍、住房、社会保障、教育文化、公共服务体系等领域的改革，畅通新生代农民工的诉求渠道，保障其民主权利，尊重其意愿表达，丰富其精神文化生活，是加快新生代农民工融入城镇，促进城乡一体化的内在要求。

改革开放以来，我国农村劳动力成功地实现了向城镇转移就业，农民工队伍已成为我国城镇产业工人的主力军，他们为中国城镇经济的建设和发展做出了突出贡献。根据第五次人口普查资料可知，农民工在第二产业从业人员中占58%，在第三产业从业人员中占52%；在加工制造业从业人员中占68%，在建筑业从业人员中占80%。然而，伴随着城镇化进程的加快和城市化水平的不断提高，未完全破除的城乡二元经济社会结构所形成的新的社会矛盾——农民工问题却日益突出，尤其是自20世纪80年代以来，以新生代农民工为主体的农民工队伍除了户口和身份与他们的父兄辈相同之外，其进城的动机、需求、行为、目的以及进城后的生活方式、价值观念已经与传统农民工单纯追求"挣钱"的愿望迥然不同。他们要求平等、公平地融入城镇成为居民的强烈愿望与现存的城乡二元结构和城市公共服务体系之间形成了尖锐的矛盾。为了缓解这一矛盾，2010年中央一号文件规定："促进符合条件的农业转移人口在城镇落户并享有与当地城镇居民同等的权益。鼓励有条件的城市将有稳定职业并在城市居住一定年限的农民工逐步纳入城镇住房保障体系。着力解决新生代农民工问题。"这是中央文件首次提出"新生代农民工"概念并进行描述，说明新生代农民工问题已经受到党和国家的重视。本文通过对新生代农民工基本状况的描述，着重分析目前新生代农民工在融入城镇化进程中面临的困境，并提出相应的对策和建议。文中的新生代农民工是指出生于 20 世纪 80 年代以后，年龄在 16 岁以上，拥有农村户籍并在城镇就业的人群。

一、新生代农民工融入城镇的基本状况

新中国成立至今，我国农村劳动力融入城镇基本上可以划分为两个大的阶段。第一阶段是 1949 年至 1978 年，在这一阶段，政府实施了严格控制农村人口向城镇转移的政策。因国民经济发展需要融入城镇的农村劳动力，政府则以招工等形式把农村劳动力直接转变为城镇非农业户口，其城镇劳动用工制度带有浓厚的行政色彩，城乡分割的二元经济社会体制以及不平等的户籍制度就是在这一阶段形成的。第二阶段（1979 年至现在）是农村劳动力迅速向城镇转移就业的时期，即农民工迅速成长的时期。以家庭联产承包责任制为核心的农村改革和乡镇工业的崛起，以及劳动力市场的迅速发展，带来了我国农村劳动力向城镇大规模的转移。

据资料显示，从规模看，2009 年全国农民工总量为 22 978 万人，外出农民工为 14 533 万人，是改革开放初期的 73 倍，其中 16 岁至 30 岁间的新生代农民工为 8 952 万人，占全部农民工的 61.6%。如果把 8 445 万就地转移的农民工中的新生代农民工考虑进来，全国新生代农民工总数大约在 1 亿以上，占到农民工总数的 50%。从年龄看，传统农民工初次外出务工的平均年龄为 26 岁，新生代农民工初次外出务工的年龄更低，80 后平均为 18 岁，90 后平均只有 16 岁。从已婚情况看，新生代农民工中已婚者只有 20% 左右，而传统农民工中的已婚者占到 80%。从文化程度看，各年龄组中 30 岁以下接受过高中及以上教育的比例均在 26% 以上，其中 21~25 岁年龄组中接受过高中及以上教育的比例达到 31.1%。从行业分布看，2004 年农民工在制造业、服务业和建筑业中的比重分别为 33.3%、21.7% 和 22.9%；2009 年外出农民工中从事制造业、服务业、建筑业的比重分别为 39.1%、25.5% 和 17.3%。从成长经历看，89.4% 的新生代农民工基本不会农活，37.9% 的新生代农民工没有务工经验，许多新生代农民工没有经历过从农村到城市的变化过程，其成长经历与城镇同龄人趋同。从职业身份看，据资料显示，在新生代农民工中，认为自己是"农民"的只有 32.3%，比传统农民工低 22.5 个百分点，认为自己是"工人/打工者"的占 32.3%，高出传统农民工 10.3 个百分点；在 90 后的农民工中，这一差异更为明显，认为自己是"农民"的仅占 11.3%，只是传统农民工的 1/5，认为自己是"工人/打工者"的占 34.5%，是传统农民工的 2 倍多。另据中国青少年研究中心发布的新生代农民工研究报告，在新生代农民工中，有

55.9%的人准备将来"在打工的城市买房定居",远远高于17.6%的农业流动人口整体水平。

从以上数据可以看出,与传统农民工相比,新生代农民工不论是在规模、年龄、成长经历、婚姻状况,还是在文化程度、行业分布和身份期望等方面都发生了显著变化。新生代农民工总量的增加表明他们已成为农民工队伍的主体,年龄偏低和成长经历趋同意味着他们普遍缺少从事农业生产劳动的经历,且其思维、心智、心理、观念正处于不断发展变化中。职业身份的变化和融入城镇转为居民的强烈愿望就是这种心理和观念变化的行为表现。未婚比例的提高则意味着他们在外务工期间不仅需要获得较高收入以解决在购房等方面所需要的庞大支出,而且还要解决从恋爱、结婚、生育到子女上学等一系列人生问题。文化程度和行业分布比例的变化则反映出新生代农民工职业技能水平的提高以及对职业收入和职业环境的较高期望值。

然而,由于受现行城乡分割二元体制带来的不平等户籍和不包括农民工在内的城市社会公共服务体系的约束,使得新生代农民工无法向城镇居民那样分享到政府在住房、就业、医疗、保险、子女教育等方面提供的社会服务,无法真正融入城镇转为居民并享有和城镇居民平等的待遇,这便是他们进入城镇却又难于完全形成认同感并找到社会归属感的真正根源。

二、新生代农民工融入城镇的困境

新生代农民工是伴随改革开放进程成长起来的一代,他们对城市的认同感要远远高于农村,并且迫切地想要融入城镇,但最终无奈于制度的藩篱。与此对应的是,他们如果想要退回农村,又缺乏农民应有的技能和吃苦耐劳的品质,这就从客观上造成了新生代农民工游离于城乡的两难困境。

1. 户籍歧视仍是新生代农民工融入城镇的"制度壁垒"

在国外,户籍管理一般只具有民事登记和统计人口信息的功能,而我国的户籍制度却与就业、医疗、保险和教育等利益紧密挂钩,诸多的附加利益和户籍管理一起,形成了城乡人口等级分明的二元结构。在这种制度框架内形成的农业户口与非农业户口、城镇人口与乡村人口的区别,必然导致不同的管理制度,即限制农村人口向城市流动,最终造成新生代农民工身份与职业角色的背离,以及占工人总数2/3以上的农民工在就业、社保、培训以及子女教育等方面的区分和歧视。我们知道,新生代农民工从事的是工人职业,身份却是农民,非城非乡的身份之惑让他们的处境十分尴尬。目前,虽然一些地区(如广州、深圳、上海等)都不同程度地进行了户籍制度改革,加大了财政投入,出台了许多具有积极意义的新政策、新措施，但如果由户籍制度衍生而出的就业、医疗、保险、教育等制度不与户籍制度彻底剥离，那横亘在新生代农民工面前的"沟壑"就无法消除，要想获得城镇居民户口"通行证"的愿望就难以实现。可以说，如果二元化户籍制度不能从本质上被破除，"城乡壁垒之惑""新生代农民工身份之惑""就业歧视之惑""公民权平等之惑"就会依然延续，所谓"推进城镇化进程""城乡一体化发展"就仅仅是空中楼阁、美好愿景而已。

2. 收入低、市民化成本高是新生代农民工融入城镇的"经济壁垒"

受制于户籍、自身素质与职业技能，新生代农民工往往从事于层次较低的行业，收入水平普遍偏低。深圳市总工会 2010 年 7 月发布的新生代农民工调查结果显示，和传统农民工一样，新生代农民工大多就职于制造、建筑、零售等劳动密集型行业，普工、营业员等占被调查人数的 52.4%，高级技工所占比例较低，从事管理类职位的比例甚至低于传统农民工。他们的月均工资只有 1 838.6 元，约为该市在岗职工工资的 47%，只够维持最低生活水平。偏低的收入水平的直接影响是他们没有经济能力享受正常的社会和家庭生活，而由低收入衍生而来的如婚姻危机、劳资矛盾恶化、社会稳定、犯罪等社会问题，则是农民工群体追求社会生存条件的必然表现。

与低收入相对应，市民化成本过高同样制约着新生代农民工走进城镇、融入城镇的步伐。2010 年 10 月发布的《中国发展研究基金会报告》显示，中国当前农民工市民化的平均成本在 10 万元左右。这意味着中国未来每年为解决 2 000 万农民工的市民化问题需要投入 2 万亿元，这对政府、市场和新生代农民工来说都是一个不小的数字。首先，对于社会公共支付部分（大约每年 1.2 万亿元），有建言者认为可由中央和地方政府根据现有资源按比例纳入财政预算逐步解决。但问题是，这部分成本大多属于一次性投入，要把这么大一笔投入纳入政府财政，并且连续执行 10 年，其难度可想而知。其次，对于包括农民工市民化的土地、基础设施和部分住房成本的市场支出部分，许多学者认为市场的参与可缓解政府的压力，但实际上这句话只讲对了一半。我们知道，市场投资讲究的是利润回报，只有有利可图，市场运作才会进入。市场参与的结果必然是把压力转移到新生代农民工身上，如商品房价格高推等。最后，对于包括日常生活、就业成本、个人培训、子女就学、医疗、社会保障、维权等的个人支付部分，新生代农民工也难以承受。以子女教育问题为例，2009 年美国 MIT 斯隆管理学院和中山大学的联合调查表明，城镇中的农民工有 1/3 的消费支出用在了子女教育上，而这一比例在美国可能是一个中上层家庭在私立学校的消费支出比例（美国的公办教育属公共产品，几乎不收费）。因此，对于收入本身就较低的新生代农民工来说，城镇并没有为他们提供应有的公共产品（包括医疗、住房、教育、社保等）以降低他们的城镇化成本；相反，过高的个人支出在无形之中与低收入一起构成了摆在新生代农民工面前极具现实意义的"经济壁垒"，成为限制他们融入城镇的巨大阻力。

尤其值得注意的是，当前新生代农民工融入城镇还面临着另一大"经济壁垒"——住房。全国总工会的调查显示，目前农民工人均居住面积不足4平方米，按照家庭形式居住的只占23.3%，且有相当一部分还居住在"脏、乱、差"的"城中村"环境中。而与此相对应的是，2006年3月《国务院关于解决农民工问题的若干意见》发布后的调查发现，许多省会城市都将农民工购房在60平方米之上作为落户条件之一。加之房产市场每平方米数千、上万，甚至十几万的高悬房价对于收入微薄却追求消费质量的大多数新生代农民工来说，要想在城中购买到住房几乎是不可能的。这种以货币构筑的住房壁垒对出生于普通农民家庭的新生代农民工来说仍然是难以逾越的鸿沟。不可否认，当前许多城镇正在尝试扩大廉租房和公租房的供给规模以满足新生代农民工的需求，但如果平等的城镇住房保障体系不建立，那包括新生代农民工在内的所有农民工要想在城镇"安居"的梦想就不可能完全实现，他们仍将面临候鸟式的工作和生活处境。

3. 机会不平等是新生代农民工融入城镇的"社会壁垒"

由于现存户籍制度下的新生代农民工并不拥有与城镇居民相同的平等权利，由此带来的是新生代农民工在就业、社会福利、医疗、子女教育、职业培训等领域的机会不均等。这种不平等决定了新生代农民工依然被排斥于都市社会生活之外，可想而知，他们即使能够"安居"，也不能"乐业"。

第一，就业机会不平等。就业是民生之本，对于城镇居民来说，经过多年改革，国家连续出台的就业保障和就业福利措施让他们享受到了政府在失业救济、再就业培训、创业扶助等方面提供的实惠，降低了他们的失业风险。但对于农民工来说，国家面向他们的就业政策才刚刚起步，且极不完善，涉及的范围也仅限于清理工资拖欠问题和改善就业环境等，工资歧视、雇佣歧视、职业歧视等不平等待遇依然存在，至于就业福利就更无从说起。

第二，社会福利保障缺失。《中华人民共和国宪法》和《中华人民共和国劳动法》规定，劳动者享有同等的社会福利保障权，但目前新老农民工仍被游离于现有社会保障体系之外。广州大学2010年的《新生代农民工调查》显示，新生代农民工中将近一半没有参加城镇社会保险，1/3以上没有参与城镇失业保险。大多数人只有一两项非均衡的、水平极低的社会保障，而在医疗、公共福利等方面更是没有什么保障可言。加之具有区域性的不易流动的社会保障和户籍制度的限制，新生代农民工不能在区域间和城乡间平等地享受社会保障。

第三，婚姻问题和子女教育问题突出。在婚姻问题方面，对于未婚的农民工来说，职业角色和经济条件是两个主要制约因素。由于他们的职业层次较低，收入不高，相互之间都缺乏信心和感情基础，难以相恋，并且一定的城镇经历也让他们中的很大一部分人都想在城镇居民中找到另一半，婚恋观念也由传统的"能过日子""勤劳""老实"向"谈得来""感情好""体贴""有共同语言""相貌俊"等现代择偶标准转变。而对于已结婚的新生代农民工来说，长期的分居生活导致的婚姻维持困难等社会问题将不可避免。在子女教育问题方面，相比较而言，新生代农民工对下一代培养显得格外重视，有的甚至近乎"苛刻"。然而，调查显示，只有1/3的农民工把子女带在身边上学，另外2/3的农民工子女被留在农村上学，并且就这1/3跟随父母上学的农民工子女中也只有1/8能享受免费义务教育，而不能享受免费义务教育的子女则要面对高额的教育开支，其比例大约为他们父母消费开支的1/3。可以看出，如果新生代农民工要完成市民化的转变，那子女教育及其费用问题就是亟待克服的重大障碍。

4. 心理和文化素质差异是新生代农民工融入城镇的"精神壁垒"

身份是农民，工作角色是工人的尴尬处境，将不可避免地造成新生代农民工消极的社会心理。这主要表现在自卑心理、自闭心理和不满情绪。与城镇同龄人相比，他们的文化程度相对较低，就业层次不高，经济条件较差，不适应城镇的生活节奏，交往圈子狭窄，不善于与市民打交道，因自卑和自闭而难以融入社区。与此同时，城镇居民的排斥心理，国家以及当地政府的权益保护制度缺失和新生代农民工在职业技能、职业素养以及自身行为规范方面的欠缺都在心理和素质上促成了他们融入城镇的艰难。在精神文化生活方面，与传统农民工相比，新生代农民工的精神文化生活有了一定变化，如数量增加、种类多样化，但总体上仍比较单一、匮乏，消费水平较低和消费能力不足的现象依然存在。其原因是工作和休息娱乐的时间比例过高、收入较低、"文化孤岛"现象严重、政策力度和资金投入不足、企业缺乏重视、社区管理吸纳度不够等各种因素综合作用的结果。

三、新生代农民工融入城镇的对策和建议

上述分析表明，新生代农民工融入城镇化进程中的困境，既有历史累积问

题，也有现实面临的困难；既有制度制约的局限性，也有观念素质的差异性；既有收入成本的相互掣肘，也有机会困难的相互博弈。因此，在妥善解决这些困境时，应从全局和长远的角度出发，从制度体系入手，坚持以人为本，逐步破除门槛，提升服务水平，促进新生代农民工全面发展，积极稳妥地让新生代农民工"走进"城镇。

1. 采取过渡措施，逐步解决新生代农民工的落户问题

中央明确提出积极稳妥地推进城镇化，把符合条件的农业人口，特别是新生代农民工转变为城镇居民，为新生代农民工融入城镇指明了方向。首先，积极采取过渡措施，逐步剥离附加在户籍制度上的就业、医疗、保险和教育等利益，建立城乡统一的福利保障体系；以中小城镇和小城镇作为重点，降低准入门槛，积极引导人口迁徙流动和安居；以大城市和中等城市为依托，积极采取积分制落户的办法，把文化程度、职业资格或专业技术、工龄、社保缴纳及其年限、参加社会服务、城镇贡献等作为积分内容。其次，大力推广居住证制度，允许农民工保留农村户籍，持有城镇居住证的农民工可以在就业、医疗、保险、子女教育、公共福利方面获得与市民同等的待遇。最后，大力发展县域经济，改善县城和中心镇的就业创业条件和居住环境，加强公共服务建设，提高综合承载能力，促进新生代农民工向中小城市和小城镇集聚，就地实现其城镇化。

2. 完善住房制度，把新生代农民工纳入国家住房保障政策体系

众所周知，"安居"才能"乐业"。政府在完善新生代农民工住房保障制度时应从四个方面入手：一是健全农民工住房公积金制度，遵循"低水平、多层次、广覆盖"的原则，保证每个新生代农民工都有机会进入住房公积金体系；二是建立农民工住房补贴制度，根据农民工收入和住房状况，提供住房补贴；三是拓宽国家保障性住房建设的资金来源，增加国家保障性住房用地供给，保证向新生代农民工供给保障性住房数量；四是剥离户口和国家保障性住房的联系，使有条件的新生代农民工有资格享受到国家保障性住房。通过以上四个制度的完善和实施，把新生代农民工住房纳入政府廉租房、经济适用房、限价商品房等国家住房保障政策体系中统筹考虑和安排。

3. 突出新生代农民工特点，全方位编织就业保障网

政府应从务实的劳动力市场、专业的职业技能、基本的职业素养、就业层次、就业歧视等问题入手，突出新生代农民工文化程度较高、职业技能缺乏、就业观念变化等特点，全方位编织新生代农民工的就业保障网。第一，建立城乡统一的劳动力市场，公开就业信息，统一就业管理。所有劳动力市场应对农

民工一视同仁，平等对待。同时积极疏导信息交流渠道，构建劳动力供需网络，将新生代农民工统一纳入政府和市场管理体系，建立"培训—就业—维权"的工作模式。第二，建立公平的就业培训制度，积极完善政府、企业、个人参与的就业培训措施。建立由政府主导的免费或者低费用的培训机构，并对参与培训的农民工给予一定补贴；企业可根据自身发展需求积极为新生代农民工提供各种培训机会，以提升他们的技能；新生代农民工也可根据自身条件和爱好自主选择由政府、企业或市场提供的培训机会。第三，完善就业法律保障。所有用人单位的法人代表或者责任人，应依照劳动法与农民工签订劳动合同，认真履行相关义务。遏制就业歧视、同工不同酬、恶意欠薪等违法行为，使他们在就业机会、薪酬待遇等方面享有平等的权利。

4. 完善社会保障制度，维护新生代农民工的合法权益

为了维护新生代农民工的合法权益，进一步完善农民工社会保障制度。第一，多渠道改革医疗保险制度。新生代农民工可以随用人单位一起参加医疗保险，用人单位和个人参照工资比例缴纳医疗保险金；或者由用人单位独自缴纳医疗保险金，让农民工享受到单位统筹的医疗保险待遇；有条件的新生代农民工也可以以个体劳动者的身份投保。第二，向新生代农民工扩展失业保险范围，用人单位必须参加失业保险，由用人单位和农民工共同缴纳失业保险费。同时保险机构建立相关的参保记录，便于跨地区转移。第三，完善养老保险措施，做到老有所养，用人单位在同新生代农民工签订劳动合同时，应按规定参加企业基本的养老保险，缴纳基本养老保险费。同时，企业职工的养老保险可以在一定范围内转移和接续。第四，完善农民工子女教育保障措施，让他们在入学、升学、素质评定、荣誉奖励等各方面享有与城镇居民子女同等的受教育权利。

5. 拓宽民主参与渠道，丰富精神文化生活，构建新生代农民工和谐发展氛围

第一，各地政府应按比例将新生代农民工纳入党代会、人大和工会职工代表大会，拓宽他们参政、议政的政治渠道。第二，畅通城乡统一的政治诉求渠道，以人为本，一视同仁，保证新生代农民工诉求能得到重视和妥善解决。第三，可推行政府指导、社区实施、社会团体帮助的精神文化关怀体系，积极开展社会公德、法制宣传、安全知识宣讲、医疗知识普及、文化教育和文体活动，合理降低工作和精神文化时间比，引导和吸纳新生代农民工加入各种文化、体育、工会等社会组织，使他们能主动积极地融入城镇社区，以疏解他们的不满情绪和自闭、自卑的心理。第四，加强思想教育和法律宣传，为新生代

农民工树立正确的婚姻观念。对未婚的新生代农民工可在政策上给予一定的支持，并提供多样化的服务；对已婚的新生代农民工，可积极开拓以家庭为单位的城镇融入方法，从制度层面给予安排。

第五节　农业产业化经营推动县域经济发展

摘要：农业产业化经营是我国农业现代化的必由之路，也是解决"三农"问题的有效措施。论文从认清农业产业化经营的内涵与基本特征出发，结合县域经济的实际情况及发展中存在的深层次矛盾，对开展农业产业化经营的合理性及存在问题进行探讨。在此基础上，本文提出了农业产业化经营作为发展县域经济的根本性出路的观点及发展县域经济中应处理好的关系，并结合实际探讨农业产业化经营对发展县域经济的作用。

农业产业化是农业社会化服务体系的重要组成部分，是我国农业的一种新型经营机制，对现阶段农业的战略发展具有极其重要的作用。积极鼓励和扶持农业产业化发展，因地制宜地探索农业产业化组织形式，提高农业产出效益，是我国现阶段农业现代化发展的必然选择。当前，如何将千家万户的小规模生产与广阔的农产品市场相连接，逐步实现农业的产业化经营，一直是解决好"三农"问题的关键，是发展县域经济的关键，也是当前迫切需要研究的重大课题。

一、农业产业化概况

农业产业化在中国从提出到今天已 10 余年。这期间，农业产业化经历了一个从少数地方的先行创造与探索到全国性的普遍实践的阶段，经历了从部分人主张到大部分人自觉共识的过程，显示出了强大的发展活力。它不仅是农民、企业与基层干部的自主选择，而且是党和国家发展农村经济的战略决策。

作为现代农业发展的必然，农业产业化包含了如下一些基本要素：生产的产品面向国际、国内两个市场；主要依托当地自然优势、产品优势和经济优势来发展；生产过程实行专业化分工；产业经营和发展要有一定的规模；生产环节采取农、工、商、产、供、销密切结合的方式；在经营管理上尽可能地采取现代化的企业经营管理方式。这些也构成了农业产业化的基本特征。

1995 年 12 月 11 日的人民日报社论《论农业产业化》中给出的定义是：

"农业产业化是以国内外市场为导向，以提高经济效益为中心，对当地农业的支柱产业和主导产品，实行区域化布局、专业化生产、一体化经营、社会化服务、企业化管理，把产供销、贸工农、经科教紧密结合起来，形成一条龙的经营体制。"农业产业化作为一种在市场经济条件下适应生产力发展需要的崭新生产经营方式和产业组织形式，实质上是生产的专业化，农业产业化是经济发展的必然趋势。农业产业化是"农工商、产供销一体化经营"的简称。农业产业化针对农业产业被割裂，农业再生产各环节的内在联系被割裂的现状，意在把人为割裂了的产供销各环节重新联结起来，构成涵盖农业扩大再生产全过程的完整的产业链条，以市场为导向，以加工企业或合作经济组织为依托，以广大农户为基础，以科技服务为手段，通过将农业再生产过程的产前、产中、产后诸环节连结为一个完整的产业系统，实现种养加、产供销、农工商的一体化经营，是引导分散的农户小生产转变为社会化大生产的组织形式。

二、县域经济对农业产业化的内在要求

"县域经济"，也称"县经济"，指在县级行政区划范围内，以县城为中心，以乡镇为纽带，以农村为基础的区域经济。更深层次地看，县域经济是一个以农村经济为底色、以资源环境为基础、以城乡二元结构为特征、以经济增长为纵向脉络、以三次产业结构演变为横向脉络、相对独立的行政区域性综合经济体系。县域经济发展的重点在农村，难点在农民增收，因此如何使农村城镇化、农业产业化和农民增收致富，是发展县域经济的基本要求。具体来讲：县域经济是国民经济的细胞，是国民经济的基本单元，是功能完备的综合性经济体系，其活动涉及生产、流通、消费、分配各环节，第一、二、三产业各部门。县域经济是国民经济的基础层次和基本细胞，县域经济的强弱直接影响着国民经济的兴衰。

县域经济的核心问题是"三农"问题，而"三农"问题的核心在于农业生产方式的落后、农产品市场化程度低和农民收入水平低。其关键是增加农民收入，出路在于推进农业的现代化和农村的城镇化，而切入点则是实现农业的产业化经营，根本途径还在于对农村的生产方式进行改革，也就是要从一家一户的小生产转变为更有效率的和效益的集约化、规模化、标准化大生产。

县域的基本状况是人多地少，联产承包责任制下各家各户的土地经营规模长期内不可能明显扩大，可以换一种方式，如谋取家庭经营的外部规模。农业产业化经营成为现阶段推动县域经济发展、提高农业效益、增加农民收入的必然选择。从农业化发展趋势看，它不仅仅是农业局部的发展探索，也是一个伟

大的影响整个国民经济全局的变革，所以就其本身来说也是有着旺盛的生命力。

从县域经济的界定可以看出，县域经济"以农为主"又"五脏俱全"，具有基础性、资源性、复杂性和综合性的基本特征。县域经济的发展面临着许多困难和制约因素，诸如生产力水平低下，生产方式落后，基础设施差，产业结构层次低，资金、技术和人才严重短缺等。但更为严重的是，县域经济发展中存在着一系列深层次的矛盾及根本性难题，这些都需要以农业产业化经营来加以解决。

三、农业产业化经营对县域经济发展的推动作用

1. 农业产业化经营解决了工业化与农村经济的矛盾

县域经济发展工业化的过程是城市经济的聚集效应对农村经济的吮吸，是工业扩张对农村市场的征服。在工业化过程中，县域经济与城市经济相比，无疑是弱势经济，处在一种向城市经济供应廉价资源和被迫接受城市高价工业品的双重挤压地位。县域内的"资本失血""资金倒流"、人才流失和农村青壮年劳动力外流的现象，成了制约县域经济发展的主要因素。如果不能解决好工业化与农村经济发展的矛盾，农村就有可能陷入"贫困恶性循环"之中。然而，发展农业产业化建设，发展农业产业化经营使农工商相互联结成为一体，形成利益共享、风险共担当的利益关系，就不存在吸纳与被吸纳的经济现象，从而可以将"资本流失""资金倒流"、人才流失和农业青壮年劳动力外流的现象在根本上加以解决。

2. 农业产业化经营带动边缘山区经济的发展

县域经济大多数处于区位条件较差和基础设施落后的地区。县域经济发展不平衡规律表明，占有区位优势及交通便利的地区总是率先取得经济发展的优势，而受客观条件限制的山区经济则往往只能步人后尘，举步维艰。并且，在市场经济的"马太效应""倒流效应"的作用下，资本、劳动力和其他生产要素不可避免地从落后地区向发达地区集中，并且具有固定化和强化地区差距的趋势，导致山区经济不断被边缘化。农业产业化就是对生产规模进行集约化管理，在县域范围集聚规模，把边缘、山区的经济拉入产业化的队伍中，形成利益共享的整体，即在扩大产业规模的经营活动中可以带动边缘山区经济的发展。

3. 农业产业化经营调和了市场化与小农经济的矛盾

县域经济是以传统的小生产方式为主。农村的家庭联产承包责任制保持了

农民生产经营的主体地位。但随着社会主义市场经济体制的建立和逐步完善，市场经济与传统生产方式之间不可避免地存在着尖锐的矛盾，突出表现为"小农户"和"大市场"的矛盾，即小生产方式与社会大生产方式的矛盾。这一矛盾在很大程度上已成为县域经济推进工业化及农业产业化的制约，主要表现在：一是小生产方式与农业产业化对资源配置合理性的要求相矛盾；二是与农业产业化对经营规模性的要求相矛盾，分散经营的产品即使是与市场对路的，也会因为规模太小而在市场竞争中处于劣势；三是与农业产业化的开放性、灵敏性的要求相矛盾。为了解决这一矛盾，则需要不断地在农业产业化的道路上，以主导产业和龙头企业带领私人小规模、松散的小生产方式向大规模的集约化的现代化农业发展，充分以产业化经营方式的科学性和优越性调和甚至取代传统的小生产方式。

4. 农业产业化经营缓解了县域经济瓶颈化与规模经济的矛盾

市场经济本质上是效益经济，资源跟着效益流动。在工业化阶段，规模决定效益，只有规模经济才能产生高效益。而要达到规模经济，首要的是大规模的投入，包括资金、技术、人才的投入。但是，在发展中国家及不发达地区经济发展中，都存在着发展"瓶颈"问题，即资金、技术和人才的短缺，尤其是资金短缺。作为县域经济，经济发展落后不仅必然导致资本积累能力的低下，而且必然导致自身资源的流失。从各地现实情况来看，县级财政基本上是"吃饭财政"和赤字财政，乡镇一级财政更是基本上处于"破产"状态。同时，目前银行金融信贷体制也不适应县域经济发展，甚至强化了县域资金外流的诱导机制。解决发展资金问题的唯一途径是招商引资和发展民营经济，即在县域范围内在实行农业产业化的道路上要充分利用主导产业的带动作用，以"主导"的优势来招商引资，从而获得资金和技术的投入，并在此基础上促进人力资源的合理分配，从而缓解县域经济发展中的"瓶颈"现象。

5. 农业产业化经营筛选出县域经济的特色化资源

县域经济最具有比较优势的是资源，包括丰富的自然资源和廉价而充足的劳动力资源，以及独特的文化历史资源等。发展特色化的资源工业是县域经济发展中阻力最小的可行选择，也是短期内最容易见成效的现实选择。在构思县域经济的发展战略时，必须重视特色化的资源工业与生态经济之间的矛盾，切忌采取简单的发展特色资源经济的思维定式。这不仅需要深思熟虑地统筹近期效益与长远发展，更需要有远见卓识的发展新思维。而农业产业化经营的最终目的是实现国民经济对区域经济的分工，在这个正确的方向下，不以自然资源为局限，这样才会筛选出具有可持续发展、具有特色的、有发展潜力的战略性主导产业，也才可以在特色产业和资源产业两者中做出合理的抉择，经受住农业产业化经营的不断考验，最终从即时性的产业的误区中走出来。

我国作为农民占绝大多数的农业大国，加快社会主义新农村建设是全面建设小康社会的关键之举。县域涵盖"三农"，联结城乡，是解决"三农"问题的主阵地，县域经济是城乡融合发展的区域经济，其实力和活力直接关系到社会主义新农村的建设。近年来，发展农业产业化，实行产业化经营成为发展县域经济、增加农民收入、建设现代农业的主要途径。农业产业化通过实行区域化布局、专业化生产、一体化经营、社会化服务、企业化管理，把产供销、贸工农、经科教紧密结合起来，形成了一条龙的经营体制，在社会主义市场经济的今天展现了强大的生命力和感染力，为将来县域经济的发展发挥着巨大的作用。

第六节　关于云南高原特色农业发展的思考

摘要：云南高原特色农业发展是新时期云南省政府发展现代农业的战略规划，是提升云南县域经济水平的支撑力量是保障主要农产品供给、解决农村剩余劳动力、增加农民收入的有效途径。本文从特色农业的认识入手，针对云南省现代农业发展存在的问题进行分析，依据云南特色农业发展规划目标，提出完善农业产业、特色农产品结构调整，加快特色农业产业化发展，创新机制培养农业科技人才，提高农业信息化水平等措施，以实现走出一条具有云南高原特色农业的发展道路。

云南地处中国西南边陲，东西最大横距为 864.9 千米，南北最大横距为 990 千米，总面积为 39.4 万平方千米，居全国第 8 位，全省有 25 个县（市）与老挝、缅甸、越南 3 国毗邻，国境线长达 4 060 千米。地形地貌复杂，高原呈波浪状，全省相对平缓的山区只占总面积的 10% 左右，大面积土地高低不平，纵横起伏，但在一定范围内又有起伏和缓的高原面。由于受大气环流的影响，冬季受干燥的大陆季风控制，夏季又盛行湿润的海洋季风，从而气候多样，气候的区域差异和垂直变化十分明显，年温差小，降水充沛，无霜期长。云南拥有丰富的森林资源、药物资源、香料资源、观赏植物、种植业资源，地上地下资源十分丰富。2011 年年末，全省人口为 4 596.6 万人，其中少数民族人口为 1 533.7 万人，占总人口的 33.37%，共有 129 个县市区，其中 12 个市辖区，9个县级市，79个县，29个民族自治县。近年来，云南省政府提出大力发展高原特色农业战略，坚持以保障主要农产品供给和农民增收为目标，充分利用云南气候立体、光热丰富、物种多样、低纬高原的自然资源条件，突出"丰富多样、生态环保、安全优质、四季飘香"四张名片，着力建设高原粮仓、特色经济作物、山地牧业、淡水渔业、高效林业、开放农业，集中力量打造云烟、云糖、云茶、云胶、云菜、云花、云薯、云果、云药、云畜、云渔、云林等品牌，加快形成关联度高、带动能力强、影响深远的云南高原特色农业产业和品牌。

一、云南高原特色农业发展的认识

特色农业是指充分利用经济区域各种区位优势，在全国经济地理分工的基础上形成的面向市场的有区域特色的农业。就云南高原特色农业而言，这一概念的理解须从以下特点入手。

1. 区域性

一定的区域范围是特色农业存在的前提。特色农业总是一定区域范围内的特色农业。故而，云南高原特色农业的发展是基于云南得天独厚的高原自然地理及丰富的自然资源条件来规划设计、开发建设，离开云南特殊的地理位置，复杂的地形地貌及优越的土壤、气候条件，适宜多种作物生长这些基础条件来谈发展云南特色农业，培育代表性农作物产业就是无的放矢，成为空谈。云南高原特色农业的发展一定要因地制宜，抓住区域性的特点，打造地方性农业产业，做大做强具有区域性品牌的特色农业产业。

2. 相对性

由于经济区域有大小之分，且所拥有的各种区位优势不尽相同，因而特色农业的发展具有相对性的特点。云南独特的自然地理条件使这里囊括了中国从海南岛到黑龙江的各种气候带，高原特色农业的发展也需要有针对性地根据农业生产所依赖的自然条件做出选择。全省地州中较大经济区域有其特色，较小经济区域也有其特色农业，它们可能相同，也可能不同。

3. 优势性

一个经济区域的特色农业，必须充分利用其区域优势，在优势的基础上发展起来。因而特色农业在该经济区域范围内，无论是就业比重还是产值比重都应该较大。同时，与其他区域相比较，该特色农业的经济效益、品牌知名度、社会影响力也应相对比较高，这样才能显示出其农业特色来。例如：宣威市的火腿产业是该地区经济的支柱产业，同时宣威火腿也是驰名全国的品牌，有着较高的知名度和影响力，这一优势是其他经济区域同类产业无法比拟的。

4. 外向性

特色农业是充分利用区域优势，在区域分工的基础上发展起来的，区域之间必须加强横向联系和经济技术合作，利用内外两方面的资源，面向内外两个市场，依靠资源禀赋优势，实现生产要素的跨区域有效配置，在竞争中获得绝对优势或比较优势。例如：云南的高端野生菌与鲜切花这类的保鲜期短的特色农产品正是与区域外的销售渠道、物流运输相结合才能在短时间内离开原产地进入国内外消费地超市，成为区域外市场上消费者的宠儿。

5. 群体性

特色农业不应是单独的个别产业部门，而是以某些优势为基础，培植一个主导部门，并以该主导部门为中心，利用其前后的联系，发展多个产业部门。因而，发展特色农业需要将农业产业化问题联系起来考虑，实现特色农业的产供销、贸工农一体化经营，加强基层特色农产品农民专业合作社建设，形成具有地方区域优势的特色产业集群。而这一方面，龙头企业的作用尤为明显。云南发展特色农业的战略需要考虑以龙头企业为核心的产业集群，扶持好产业集群在经济区域内外的扩散作用、辐射作用及带动作用，以弱化农业产业在市场竞争中的弱势地位，增强市场竞争力。

二、云南高原特色农业发展的现状

在云南省，75%的国民收入、70%的财政收入、60%的创汇收入和80%的轻工业原料，直接或间接来自农业。显而易见，农业的基础地位无可替代，没有农民的增收致富，没有农村的和谐稳定，云南的跨越式发展就无从谈起。如今，云南省特色农业产业带已初步形成，从传统粗放种植迈向了依靠科技提质增效的阶段，云花、云茶、云菜等"云字号"特色产品成了云南农业的新标签，云南高原特色农业的种植规模、产业基础和市场影响已不可小视。近年来，在特色农业发展方面，云南省取得了一些可喜的成绩，主要表现为：第一，主要农作物播种面积稳步增大，产量稳步提高；第二，农业生产及产品加工中的科技含量逐渐提高；第三，形成了一批竞争力较强的劳动密集型产业；第四，农业结构调整初显成效；第五，形成了一定的产销渠道。2011年，云南省烤烟种植面积为700多万亩，成为全国名副其实的优质烟叶生产大省；橡胶700多万亩，产量超过30万吨，跃居全国第一位；甘蔗面积450万亩，产糖200万吨，是全国第二大蔗糖生产基地；茶叶面积为560多万亩，产量为25万吨，分别居全国第一位和第三位；鲜花红遍中国，绽放海外；咖啡成为中国第一大生产和出口基地；蔬菜种植面积为 1 100 多万亩，成为产值超百亿的大产业；马铃薯种植规模为 1 000 多万亩，居全国第三位；核桃、板栗等经济林果的种植面积为 4 500 多万亩，成为中国干果生产大省。

但在成绩面前也不难发现，全省农业总体仍处于生产方式落后、技术含量不高、产业化经营层次低、经济效益总体不高的境地，依然是全省工业化、城镇化进程中最明显的"短板"，不少地区仍是"农业弱县、财政穷县"，现代农业发展滞后，高原特色农业发展不突出。纵观全省，高产优质的种植基地只是少数，相当数量的各类种植园因品种、栽培管理技术、基础设施、劳动力素质等制约，产量不高，质量不优。加工增值是云南特色农业最明显的薄弱环节，即使是有一定基础的产业，大都停留在以初加工为主的产业链低端。要么加工企业装备和工艺与国内外同行有相当大的差距，产品档次不如人家反而生产成本居高不下；要么虽有好的产品，却因品牌打造滞后，营销乏力，好东西并没有赢得市场，卖出好价钱。比如甘蔗，生产到白糖可以说就终止了，在云南尚且没有一个大品牌和一家大企业可以以白糖为主要原料进行深加工。再比如橡胶，产品基本止于干胶这一原料产品，在云南也没有像样的企业可以提供以橡胶为原料的轮胎、运动鞋等深加工产品。而且，云南省是一个典型的山区农业大省，农村人口约占全省总人口的 65%；共有"4 片（乌蒙山区、石漠化地区、滇西边境山区、藏区）、85 个县"被纳入国家重点扶持范围；有 1 000多万农村贫困人口，居全国第三位；有 110 多个县靠省级财政补贴保证工资发放和机构运转。从农业最大宗的产品来看，全省粮食平均单产仅 260 千克左右，低于全国平均水平 80 来千克，人均粮食占有量也低于全国平均水平。虽然烟、胶、茶、花等多个特色产品种植面积和产量头顶全国第一的桂冠，蔗、菜、果、药、畜的体量也在全国靠前，但除云烟、云花等少数产品在国内有绝对的产业优势和市场话语权外，多数产品和产业，仍经不起市场的风吹雨打，整体上仍处于产业发展的低层次，仍处于大而不强、大而无名的传统粗放发展阶段。

三、云南高原特色农业发展过程中存在的问题

特色农业的形成是建立在区际差异基础上的，而区际差异即经济区域之间的经济差异，这些差异包括资源赋存差异、历史基础差异、产业结构差异等内容。云南省在诸如种植面积、产品产量、产品品质等方面取得了明显的成就，但由于区域内自然资源差异、人文资源差异、历史基础差异、生产要素差异、产业结构差异等原因，云南高原特色农业发展也存在着一系列问题。

（一）分散经营

农村家庭联产承包责任制曾经在解放我国农村生产力方面发挥着巨大的作用，对农业、农村经济的发展起到了很大的作用，对解决农民温饱问题带来了帮助。但随着农业市场化程度的提高、农产品商品化水平的提高，分散经营这种组织形式却成为阻碍农业、农村经济发展，农民增收的障碍。农业的细碎化分散经营使得原本就在第一、二、三产业间处于弱势地位的农业，在劳动生产率的提高方面、实现扩大再生产和产业结构调整方面、农民增收方面进展困难。分散经营条件下，一般以家庭为单位，土地规模较小，农业机械化程度低，现代农业发展缓慢，集约化水平低，农业的劳动生产率低下，农产品产量有限，市场信息不对称，生产经营较为被动。这样仅就从农业上获得的收益上看，农民收入增长缓慢。加之经营的规模有限，对于生产者而言，以所拥有的生产资料获得金融机构支持的可能性小，难以根据市场需求情况作出结构调整和扩大生产规模。

由于云南多山少平地的地理特点，分散经营在全省 129 个县（市、区）中还比较普遍，广种薄收、靠天吃饭还是一些边远山区、生态环境脆弱区农业的现实，特别在四个集中连片的特困扶贫地区表现得更为突出，农业连基本的温饱问题都难以解决，何谈发展高原特色农业。因此，应将农业的生产要素——土地向农业企业、种养殖能手聚集，消除农业用地的条块化，铲除田埂，还原土地的无边际。让这些在农业生产方面有着比较优势的农业大户有规模经营的土地资本，为加快现代农业的发展步伐，提供要素保障。

（二）产业结构调整力度不够

云南农业伴随着国家改革开放走过了 30 多年的发展路程，取得了显著的成果，总体上农产品供求基本平衡，进入到了以提高品质、优化结构和增加农民收入为主，注重传统投入与资本集约和技术集约相结合的优化发展阶段。这一阶段，许多农产品出现了结构性、地域性和阶段性过剩，在一些农村地区出现了"卖菜难"，而城镇地区却是"买菜难"的问题，一些农产品由于供过于求，导致价格大幅下跌，种植业实现增收的难度加大，农民增收步伐缓慢。这说明单靠增产和提价来增加农民收入的空间越来越小，必须寻找新的增长方式，从根本上解决农民增收难的问题，因此农业产业结构调整是发展云南高原特色农业产业的客观要求和必然选择。多年来，云南农业的种植业中，粮食作物所占比例过大，经济作物比例过小，严重制约了云南农业和农村经济的发展。目前，虽经调整，但主要集中在烟、糖、茶等少数几种种植业上，而其他特色农产品却没有形成相应规模，云南的作物种植品种和产品结构在一定程度上还存在单一性，云南农业结构调整力度还不够。究其原因，主要是农业投入不足，农村市场体系和服务体系发展滞后，不能有效地促进农民增收。而作为分散的、规模小的农业生产者，不可能在农业生产上有大的投入，农业科技开发推广跟不上，农业基础设施落后，抵御自然灾害及市场风险的能力不够强。加之地方政府在农业产业结构调整方面顾虑重重，因为种植业中粮食产品的需求弹性小，而经济作物的需求弹性相对较大，若减少种植粮食作物而发展经济作物，市场风险更大。

（三）农业管理体制上的弊端

云南目前的农业管理体制基本上属于职能型管理模式，涉农部门内部上下层级之间能做到命令、信息流动，但不同涉农职能部门之间，却是割裂的，这样农业主管部门与其他部门职能重复交替，容易出现政出多门、权责不清、推诿扯皮的现象。同时农业部门主管的事很多，有责任，却没有手段，相当多的与农业和农村发展的事项均须采取与其他部门齐抓共管模式，才能有效实行，这严重影响了行政效率。在市场经济条件下，政府对经济结构进行调整干预只能通过经济、法律和政策手段，而不能用行政计划手段，但投资、税收、价格政策、信贷等手段均不被农业主管部门掌控，并且涉农项目资金因监管不力，在基层容易被挪用或截留，甚至出现寻租现象。这样国家预算中支持农业和农民的资金没有以最佳的方式使用，影响了支农资金的效率。同时，云南的农业保险体系不完善，加之政府的扶持力度不够，对农业生产者从事种植业和养殖业生产过程中遭受自然灾害和意外事故所造成的经济损失提供保障的能力较弱。农业科技体制创新不足，产学研存在脱节现象，整体协调性差，现有农业科技机构由政府和行政单位规划和兴建，地区分割、学科分割，系统运行效率低下，农业科研单位提供的有市场生命力、成熟的配套研究成果有限，农业科技成果的转化率和普及率不高。

四、基于理论指导下加快云南高原特色农业发展的建议

云南高原特色农业发展要基于特色农业的区域性、相对性、优势性、外向性、群体性的基本特征来规划，采取市场培育与政府扶持相结合，特色农产品生产企业聚集与广大农户生产者参与并举，研究出台优惠政策大力发展具有高原特色农业的县域经济、民营经济及园区经济。在此基础上最终实现云南高原特色农业以现代科学技术为主要特征，广泛应用现代市场理念、经营管理知识和工业装备与技术的市场化、集约化、专业化、社会化的产业体系，将生产、加工和销售相结合，产前、产后和产中相结合，生产、生活和生态相结合，农

业、农村、农民发展，农村与城市、农业与工业、旅游业发展统筹考虑，资源高效利用与生态环境保护高度一致的可持续发展。

（一）完善高原特色农产品结构及优化特色农业产业

云南的特色农业发展虽然在结构调整方面有所进展，但总的来说还不够深入，力度不大，需要进一步调整、优化升级产业和产品结构，提高农产品质量，增加品种数量，延长产业价值链条，加快现代农业发展。这就要求加快高原特色农业科技成果的转化工作，以国内外农业科研机构、农业企业为依托大力发展农业生产技术，以加强云南的农业科技和技术推广工作，在不同区域内开发推广新的农业生产技术，加强农业生产标准体系的建设和推广，形成批量生产和规模经济，提高云南高原特色农业的投入产出效益。延伸特色农业产业价值链以改变目前仅作为原材料供应者的尴尬身份，向精深加工转化，考虑云南高原特色农业发展与第二、三产业相结合，扶持相应以特色农产品为原料的轻工业发展，开发有地方特色的休闲农业与乡村旅游景点、景区。通过云南高原特色农业发展的农产品结构调整、农业产业优化、价值链延伸以实现提高农产品的利用率，适应农产品需求结构的变化，增加农产品的附加值，带动农村剩余劳动力的就业，增加农民收入，从而促进农村经济的发展。调整和优化农业产业结构，要结合云南的实际情况，不能搞一种模式，各地应根据自身的比较优势发展有市场潜力的、能形成地方核心竞争力的特色农业行业和产品。本着农业结构要优、农产品质量要好、竞争力要强、农民收入要增加的原则，立足资源优势和区位优势，提升传统的烟、糖、茶、胶等优势产品，培植新兴的林果、蔬菜、花卉、药材等优势产品，优化产品结构，打造龙头企业。比如：云南白药集团是植根于云南高原特色农业自然地理条件所提供的药材质量好、产量多、用途广的可靠保障基础上，走向世界的云南新兴优势产业——药材业的代表。

（二）进一步推进云南高原特色农业产业化发展

农业产业化发展要求以国内外市场为导向，以提高经济效益为中心，对当地农业的支柱产业和主导产品，实行区域化布局，专业化生产，一体化经营，社会化服务，企业化管理，把产供销、贸工农、经科技紧密结合起来，形成一条龙的经营体制。建立健全农村社会化服务体系，推进特色农业产业化，把农户与市场有效连接起来，使农民的利益得到保护，同时相应的农业企业也解决了生产要素的有效配置问题，让农业成为自我积累、自我发展、自我调节的良性循环产业，达到增值、增效的目的。农村家庭经营不仅适合分散经营，也同样适合规模经营。农业经营体制改革要因地制宜，有利于保护和调动农民的积极性，把保护农民利益、保护耕地、保护粮食和重要农产品的生产能力放在第一位。在农业和农业人口比重逐步下降的情况下，要稳定发展农业、调动农民积极性，国家及地方政府必须坚持不懈地加大强农、惠农、富农政策力度，建立农业保险制度，保证农业持续稳定发展，将扩大投资和消费的重点放在农村，把农村建设摆在更加突出的位置。云南在推进特色农业产业化建设中须注意加大农业基础设施投入，优化农业结构和空间布局。要利用国家政策下的西部大开发，面向南亚、东南亚开放的"桥头堡"战略；利用好云南地方发展战略下的润滇工程、森林云南工程、特困地区集中连片扶贫开发项目等大工程、大项目，从保护生态环境的角度出发，加强农业区划，突出自身特色，大力创办和培育起有带动作用的龙头企业，特别要大力发展民营企业。同时支持基层农民专业合作化组织的发展，使其成为联系龙头企业与农民之间的桥梁和纽带；加大区域内对外开放的力度，吸引外来资金、企业入滇，大力发展类似昆明市石林县台湾农民创业园的特色农业园区经济。

（三）创新机制培养农业科技人才

云南高原特色农业的发展离不开大量的农业科技人才。而当下，云南的广大农村起点低，在农业生产劳动中，传统的技术手段和生产要素仍占很大的比重，科技进步在农业增长中贡献率不高，广大农业生产者的文化及科技素质没有得到实质性的提高，大量农村人口依然从农村地区流向城市，经济发展的城乡二元结构特征明显。因此，要采取有效措施，使一部分年轻人愿意在农村留下来搞农业，以及使城市人群愿意留在农村发展农业，或到农村进行创业。推进特色农业产业化要有一支高素质的农业技术培训队伍，使广大农民能高效率获得有用的农业技能；要有一支农业产业化市场开拓与经营的队伍，用最适宜的方式集中起来推向市场；要有一支农业生产技术与农业科技成果开发队伍，能结合本地及不同产品的产业化实际，将农业产业化建立于可靠的技术系统支撑之上。因而需要逐步调整，改善农业科技队伍的结构，使之合理；加快高等农业教育体制改革，建立高层次的农业科技人才培养模式；拓宽农业科技人才培养途径；加快农业科技、农业推广管理体制改革，营造农业科技人才成长的良好环境。注重研究特色农业发展创业成功的典型案例，找出鼓励其他农业生产者可复制的成功经验。例如：云南新平金泰果品有限公司生产的云冠冰糖橙，也即市场认知度较高的由原"烟草大王"——褚时健承包果园种植的云南地方传统水果冰糖橙。褚橙每年上市时不出云南省就销售一空，让周边很多农户看到了希望。2012 年公司更是与电商合作，开拓出更广大的销售区域，打开了广阔的市场。果园由玉溪市新平县发展到丽江市永胜县，种植面积超过

4 000 亩，帮助果农脱贫致富。

（四）加快农业信息化建设

21 世纪是信息社会，信息产业越来越成为国际竞争的热点，网络化、实用化、快速化成为信息产业的发展方向，也是新的科技革命的重要内容。农业信息化是现代农业发展的重要标志，也是农业现代化的重要组成部分，大力加快农业信息化建设对云南发展高原特色农业具有重要的作用。农业信息化能促进农业科学技术的推广、普及和应用；可有力地促进农业产业化经营；有利于调整农村就业结构并促使新兴产业的兴起。另外，农业信息化还有利于农业产业升级、市场体系的培育等。加快云南农业信息化建设主要在于加快信息产业基础的设施建设，加大农业信息化的投入力度，重视人才培养和实验基地建设，应用和推广农业专家的决策系统。充分利用现有的数字乡村建设平台，积极开展特色农产品营销，及时了解市场的供求状况，实现小生产与大市场的对接，提升农业主体的市场竞争力。

五、总结

通过发展高原特色农业，云南省规划五年后要力争实现"三个翻番""三个突破"：农牧业综合产值达到 5 500 亿元以上，农民人均纯收入达到 10 000元以上，农产品出口额达到 35 亿美元以上，均较 2011 年实现翻番；粮食总产突破 200 亿千克，畜牧业产值突破 2 000 亿元，农产品加工产值突破 2 000 亿元。云南要大力发展高原特色农业，就要针对现有的问题，从深入调整产业结构入手，大力发展特色农业产业化，创新机制培养农业科技人才，建设农业信息化体系，充分利用独特条件和最大优势，以保障农产品供给、增加农民收入为主要目标，广泛运用现代科学技术、先进管理经验和现代生产经营组织方式，打造云南在全国乃至世界有优势、有影响、有竞争力的战略品牌，努力走出一条具有云南高原特色的农业现代化道路。

第七节 边疆少数民族地区农业产业支撑体系的实践与探索
——以云南保山隆阳区为例

摘要：在城乡二元结构条件下实现城乡统筹及城乡一体化发展，其根本途径在于农业产业化，而农业产业化的基础又在于农业产业支撑体系的构建。本文通过云南保山隆阳区农业产业支撑体系实践过程的分析，揭示了农业产业支撑体系建设的制约因素，进而说明农业产业支撑体系的建设不仅体现了现代农业发展的一般规律，而且还具有西部边疆民族地区的特殊性。

云南省保山市隆阳区是一个典型的农业大区，素有"滇西粮仓"的美誉。近年来，隆阳区认真贯彻落实一系列中央一号文件的精神，切实把"三农"问题放在突出位置，积极推进农业产业化、城乡一体化进程，大力发展农业生产，培育壮大龙头企业，创办和发展农村合作经济组织，取得了显著成效。2010年，全区实现农业总产值48.2亿元，农民人均纯收入达4 090元，粮食播种面积达88.97万亩，产量达39 537万千克，单产居云南省第一，人均占有粮食415千克，居云南省前列；农业产业化经营组织达86家；新型农村合作经济组织235个。然而，投入不足、基础薄弱、发展水平不高、组织体系不严密、布局和结构不合理、农业科技创新和运用落后、良种体系不够完善、农产品加工流通滞后等问题，仍然制约着农业产业的发展。在新形势下，如何因地制宜，突出特色，变自然优势为产业优势，加快农业产业化发展步伐，强化农业产业支撑体系建设，隆阳区进行了有益的实践与探索。

一、隆阳区建设农业产业支撑体系的实践过程

产业支撑体系是一个集产业思想创新、主导产业和辅导产业协调发展、产业集群发展、政府公共管理、资源优化配置等为一体的综合体系。改革开放以来，隆阳区农业产业支撑体系的实践经历了起步和发展两个阶段。

（一）第一阶段：起步阶段（1978年至2005年）

1978年党的十一届三中全会做出了把工作重点转移到社会主义现代化建设上来的战略决策，并出台了一系列支农惠农政策，在中央的宏观大政方针指导下，隆阳区的农业基础设施建设、农产品流通、农业生产科技运用等有了较大改善和提高。一是基本农田设施得到改善。隆阳区于1986年至1990年开展商品粮基地建设，1990年至2001年开展滇西农业综合开发。据统计，该区1996—1998年三年总投资1 547万元实施农业综合开发。通过实施改善灌溉条件、改造中低产田等措施，加强了基本农田整理工作力度，耕地质量有所提高。二是农业科技得到推广。隆阳区于1979年、1982年、1984年分别建成芒宽杂交水稻制种基地、贾官杂交制种基地、汉营稻麦常规良种繁育基地，促进了良种繁育能力和良种推广覆盖率。三是积极围绕国家新一轮西部大开发、农业综合开发，以及国家、省优势产业发展规划，积极申报相关项目。隆阳区蚕桑良种繁育基地建设、隆阳区10万亩优质水稻基地建设等重大项目获得立项

批准实施。

（二）第二阶段：发展阶段（2006年至今）

2006年党的十六大以来，隆阳区抓住"工业反哺农业，城市支持农村和多予、少取、放活"的历史机遇，农业产业进入快速发展时期。一是农业生产投入不断增加。到2008年，区级财政投入支农专项资金为6979万元，比1978年增加6906万元，增长94.6倍。二是落实好中央强农惠农政策。2005年到2008年，兑现良种补贴、农业综合补贴、农机购置补贴、渔业石油价格补贴等资金8788.68万元。三是农业科技政策和农业科技得到落实和推广，开展了10万亩吨良田建设、水稻稻瘟病大面积持续控制、玉米新品种海禾1号示范推广等工作，农业机械推广运用也得到加强。四是积极推动农业品牌化发展。利用中国保山南方丝绸古道商贸旅游节、澜沧江啤酒节等重大节庆活动，为农业企业搭建招商销售平台，优势农产品区域初步形成。此外，政府在农业产业化扶持、农产品质量安全方面也加大了工作力度。

二、隆阳区建设农业产业支撑体系取得的成效

（一）农业基础设施建设明显改善，生产能力显著提高

通过实施农业综合开发、土地整治、现代烟草示范区、吨粮田建设、水利设施建设、石漠化治理等一系列项目，该区改善了农业生产条件，共建成各类水利工程29146处，新增有效灌溉面积6.56万亩，改善灌溉面积26.72万亩，有效灌溉面积累计达51.72万亩。同时，农业机械化程度得到一定程度的提高。

（二）农业产业布局日趋合理，龙头企业带动明显

"十一五"期间，隆阳区按照"规模化发展、标准化管理、市场化运作"的农业发展思路，积极培育和扶持产业化龙头企业。已初步形成了包括12个烤烟和香料烟品种在内的产业布局，农业产业化经营促进农户增收、农业增效的带动作用初步显现。现有省级龙头企业11户，市级龙头企业13户，龙头企业的发展壮大，推进了农业产业化经营进程。

（三）政府对农业的支持力度加大，农业产业支撑体系建设得到加强

一是初步形成了以农业科研院所、龙头企业、农技推广机构、农民专业合作经济组织为主体的科技创新体系、技术推广体系和农民科技培训体系。二是初步形成了完善动植物病虫害监测预警、检验监督、控制扑灭、技术支撑以及物资保障系统，重大动植物病虫灾害防控能力显著提升。三是初步建成了专业设置合理、技术手段先进的检验检测体系，农产品生产过程、加工运输及市场

准入等关键环节的检验检测水平明显提高。四是初步形成了以监测预警、市场监管和公共信息服务为主要内容的农业农村经济信息系统。

三、制约隆阳区农业产业支撑体系发展的主要因素

（一）内部因素

1. 农业产业布局不合理，有待进一步调整优化

农业产业和产品结构雷同，布局分散，资金整合程度低，农产品比较效益低，资源比较优势未得到充分发挥。受市场和资源的双重约束，产业调整优化难度大，产业布局不合理，产业争地现象日益凸现，产业发展难以向最佳适宜区集中，规模化、集约化的布局和发展步履艰难，优势难以发挥。

2. 产业化经营水平不高，特色优势难以体现

农业龙头企业总体上数量不少，但加工规模不大、加工技术相对滞后、特色农产品处于原料型阶段，优势难以体现，辐射带动能力不强。农业产业化水平低，组织化程度低，普遍存在管理粗放、成本高、质量差、附加值低、农产品加工深度和资源利用率不高等问题。

3. 优势农产品市场开拓不够，市场信息建设滞后

优势特色农产品品牌意识淡薄，不注重产品形象包装和广告宣传，影响了产品的市场竞争力和资源的有效开发，大部分农产品无法实现由优势农产品向品牌产品过渡。另外，绝大多数优势农产品营销网络和市场信息网络建设滞后，影响和制约了产品的市场占有率和竞争能力。

4. 农业产业体系不健全，产业政策不配套

政府对农业的扶持力度还不够，大部分优势特色农产品的品种培育、基地建设和区域布局仍停留在起步阶段。虽然国家推出了一系列农业产业优惠政策，但因农产品价格联动机制不健全，农业生产资料价格居高不下，农产品价格相对较低，政府对农业保护的效应不显著。

5. 农民组织化和社会化服务程度不高

农民组织化程度的高低直接影响着农业产业化水平的高低，单个的以家庭为单位的传统经营模式已不能适应发展现代农业的需要。农民组织化程度不高，农民主动开拓市场、增强市场意识、抓市场信息的能力还不够，部分农民专业合作经济组织作用发挥不充分、运作不规范等问题依然存在。

此外，耕地质量不高、中低产田地比例偏大、基础设施薄弱，尤其水利化程度低也是影响隆阳区农业产业发展的因素。

（二）外部因素

1. 传统的农本思想有待进一步转变

由于隆阳区地处云南西部欠发达边疆少数民族地区，工业发展还处于起步发展阶段，农民的生产生活对土地的依赖性较大，多数农民还没有完全摆脱计划经济时代的传统农业生产观念，缺乏创新意识、规模经营意识和竞争合作意识，宁愿满足于自给自足的保障性生产，也不愿充分利用土地资源与龙头企业进行合作。部分农民更相信传统的种植经验，对新的生产方式和新科技难以接受。

2. 政府的公共管理职能有待进一步加强

隆阳区作为传统的农业大区，农产品市场的发育程度不高，农业产业的发展和产业化水平的各子系统对政府的依赖程度还非常高。政府如何结合农业产业发展实际，在产业的布局、发展规划、基地建设、财政金融政策等方面给予帮助和支持仍然是亟待解决的问题。

3. 产业发展不平衡问题有待进一步协调

合理的产业结构要求产业之间相互协调发展，只有这样，才能把束缚在土地上的剩余劳动力转移到第二、三产业上来，才能从根本上解决农业产业化发展中的土地集约化经营问题。据统计，2011 年，隆阳区三次产业结构比重为26.3∶33.4∶40.3，从宏观上看其结构较为合理，但由于人口基数大，2011 年年末总人口为 90.53 万人，80% 以上的人口在农村，第二、三产业吸纳劳动力就业有限，从客观上制约了农业产业化的发展。

4. 农地流转的保障机制有待进一步规范

农地流转是盘活农民土地，促进农村经济社会发展的必然选择。目前隆阳区土地流转仍然存在着运作体系和服务平台不健全，流转的层次不高，渠道不畅的问题；农户之间的土地流转不规范，口头协商，自发、无序流转现象比较突出；一些农户即使签订了合同，但对双方的权利与义务、违约责任等缺乏明确具体的认识，有的合同未经管理机构审查、签证或公证机关公证，如果双方出现纠纷仍难以解决。

四、完善隆阳区农业产业支撑体系的对策

（一）创新农业产业支撑内在机制

1. 树立工业化发展理念

牢固树立用抓工业化的思路、机制和方法来谋划农业的理念，创新发展思路，增强竞争意识，用新的观念、方法和措施，用发展的眼光、正确的政策、开放的市场来推动农业产业化发展步伐。彻底改变小而全的农业产业格局，把工业的管理理念、生产方式、组织形式、营销手段等引入农业，推进农业企业化和现代化进程。

2. 突出培育龙头骨干企业

紧密结合云南发展高原特色农业的战略，按照"发展一个产业、建设一个基地、培育一个龙头、创立一个品牌"的要求，围绕重点产业发展目标，引进和建设一批产权清晰、权责明确、管理科学、技术先进、实力雄厚的龙头企业，更好地发挥龙头企业在市场开拓、基地引导、加工增值、科技创新、标准化生产等方面的带动作用。同时发挥区域特色优势，把蔬菜、咖啡、畜产品、油料、林产品、中药材等培育为国家和省级重点产业。

3. 发展壮大合作经济组织

继续发展壮大和建立合作经济组织，引导龙头企业与农户建立自愿平等、利益共享、风险共担的利益机制，指导龙头企业完善委托生产、入股分红、利润返还等方式，密切与农户的经济利益联结关系，形成"公司（能人）+基地+合作社+农户"的产业发展模式，使各类专业合作组织成为沟通龙头企业与农户之间的桥梁和纽带，成为农民有组织走向市场的风向标。

4. 努力构建六大支撑体系

一是构建农产品质量安全监管体系，全面提高农产品的品质和市场竞争力。二是构建农业基础设施和生态保护体系，推进农业生产基地化、生态建设产业化、产业发展生态化进程。三是构建投融资担保体系，着力解决农业产业化发展融资难问题。四是构建开放的招商引资体系，抓住新一轮西部大开发、云南实施"两强一堡"战略、沿海地区产业梯次转移的机遇，积极开展对越经济技术交流与合作，不断增强农业产业发展新活力。五是构建市场信息流通体系。六是构建农业技术服务体系，为农业产业化发展提供技术支撑。

5. 加快实施三大保障措施

一要按照发展现代农业规模化、规范化、专业化的要求，建设一批专业村、专业户，实现区域化布局、专业化生产、规模化发展目标。二要强化科技运用和推广。突出抓好良种的引进、试验、示范、推广，以及优势农产品无公害、标准化种养生产和加工的技术，推动标准入户和产地品牌的创立。三要建立和完善以"绿色证书""新型农民培训工程""农业科技进村入户示范工程"为主的农民技术培训教育体系。

（二）优化产业外在环境与保障体系

1. 创新产业思想体系

按照云南省建设山地城镇的要求，树立大农业的理念，统筹城乡产业发展，推动城乡发展一体化进程，努力实现农业化、工业化、城镇化和商贸旅游国际化协调发展。

2. 完善公共管理体系

一要准确定位政府角色，转变政府职能，打造服务型政府。二要完善产业政策。农业产业政策的制定应有利于巩固和加强农业基础地位，有利于加快发展高新技术产业，有利于发展循环经济，有利于促进产业结构升级。

3. 健全法律保障体系

一是要细化有关农业产业发展的法律法规，增强可操作性。二是要加强法律人才队伍建设，引进和培养一批农业执法专业人才。

参考文献

［1］刘易斯. 经济增长理论［M］. 北京：商务印书馆，1999.

［2］费景汉，拉尼斯. 增长和发展：演进观点［M］. 洪银兴，等，译. 北京：商务印书馆，1999.

［3］阿马蒂亚·森. 贫困与饥荒——论权利与剥夺［M］. 王宇，王文玉，等，译. 北京：商务印书馆，2004.

［4］邓聚龙. 灰色系统基本方法［M］. 武汉：华中理工大学出版社，1987.

［5］夏英. 贫困与发展［M］. 北京：人民出版社，1995.

［6］林毅夫，刘培林. 以初次分配实现公平与效率的统一，促进和谐发展：中国改革三十年的简要回顾和展望［M］. 北京：中国计划出版社，2008.

［7］雷海章. 现代农业经济学［M］. 北京：中国农业出版社，2003.

［8］盛来运. 农民收入增长格局的变动趋势分析［J］. 中国农村经济，2005（5）：21-25.

［9］乔卫芳，支光辉. 农民外出务工对建设新农村的影响研究［J］. 北方经济，2007（10）：86-87.

［10］张车伟，王德文. 农民收入问题性质的根本转变——分地区对农民收入结构和增长的考察［J］. 中国农村观察，2004（1）：17-19.

［11］董春宇，亲敬东. 从收入结构变化探讨实现农民增收途径［J］. 乡镇经济，2003（21）：21.

［12］冯金芳. 当前农民收入增长趋缓的原因分析及促进农民增收的政策建议［J］. 河南农业，2009（3）：25-27.

［13］胡江. 现阶段农民增收困难的原因及对策［J］. 安徽农业科学，2008（3）：10.

［14］李雁红. 关于加快农村剩余劳动力转移促进农民增收的思考［J］. 社会主义新农村建设，2009（1）：11.

[15] 曹艳杰. 影响农民收入提高的因素及对策选择 [J]. 特区经济, 2006 (5)：17-19.

[16] 张建杰. 农户收入结构变动：成因及合理性 [M]. 北京：中国农业出版社, 2005.

[17] 任淑荣. 河南农民收入结构变动及影响因素分析 [J]. 河南农业大学学报, 2007 (4)：34-36.

[18] 游承俐, 孙学权. 云南建设社会主义新农村对策探讨 [J]. 社会主义论坛, 2006 (1)：12-13.

[19] 赵峰, 王玲俐. 非农化：西部地区农民增收的基本路径—基于四川省农民增收的个案分析 [J]. 农村经济, 2006 (6)：50.

[20] 国家统计局农村社会经济调查司. 中国农村贫困监测报告 (2009—2011 年) [M]. 北京：中国统计出版社, 2009.

[21] 聂华林. 中国西部三农问题报告 [M]. 北京：中国社会科学出版社, 2006.

[22] 朱海俊. 贫困的社会因素论说及其对我国农村反贫困的启示 [J]. 江西农业学报, 2007 (3).

[23] 蔡昉, 等. 农村发展与增加农民收入 [M]. 北京：中国劳动社会保障出版社, 2006.

[24] 黄祖辉. 中国农村贫困与反贫困问题研究 [M]. 杭州：浙江大学出版社, 2008.

[25] 韩俊. 中国经济改革 30 年农村经济卷 [M]. 重庆：重庆大学出版社, 2008.

[26] 刘娟. 贫困县产业发展与可持续竞争力提升研究 [M]. 北京：人民出版社, 2011.

[27] 李瑞华. 少数民族贫困县反贫困对策建议 [J]. 宏观经济管理, 2009 (6).

[28] 王映雪. 云南生态型反贫困实证分析 [J]. 管理观察, 2009 (8).

[29] 宋媛. 未来十年云南农村扶贫开发战略思考 [J]. 云南社会科学, 2011 (5).

[30] 张艾力. 民族教育优惠政策与民族地区的"扶贫增收" [J]. 湖北民族学院学报, 2012 (4).

[31] 孙华. 关于我国民族地区教育扶贫攻坚的梯度思考 [J]. 黑龙江民族丛刊, 2013 (3).

［32］廖普明. 基尼系数与我国收入分配制度的深化改革［J］. 求索，2011（4）.

［33］徐燕. 农民收入调查分析报告［J］. 经济研究导刊，2009（33）.

［34］刘芳萍. 农民收入的现状、存在问题及对策建议［J］. 吉林农业，2011（5）.

［35］徐忠，程恩江. 利率政策、农村金融机构行为与农村信贷短缺［J］. 金融研究，2004（12）.

［36］焦瑾璞. 探索发展小额信贷的有效模式［J］. 中国金融，2007（2）.

［37］冯庆水，孙丽娟. 农村信用社双重改革目标冲突性分析——以安徽省为例［J］. 农业经济问题，2010（3）.

［38］张正平，王麦秀. 小额信贷机构能兼顾服务穷人与财务可持续的双重目标吗？［J］. 农业经济问题，2012（1）.

［39］王国敏. 我们农民专业合作社发展的政治经济学分析［J］. 经济问题探索，2012（2）.

［40］杨雅如. 当前我国农民专业合作社发展的外部条件调整研究［J］. 青岛农业大学学报（社会科学版），2010（3）.

［41］孙中华. 中国农民专业合作组织发展演变及对策措施［J］. 农村经营管理，2008（10）.

［42］苑鹏. 农民专业合作社联合社发展的探析—以北京市密云县奶牛合作联社为例［J］. 中国农村经济，2008（8）.

［43］温铁军. 中国新农村建设报告［M］. 福州：福建人民出版社，2010（4）.

［44］中国农民工问题研究总报告起草组. 中国农民工问题研究总报告［J］. 改革，2006（5）.

［45］全国总工会新生代农民工问题课题组. 关于新生代农民工问题的研究报告［J］. 中国职工教育，2010（8）.

［46］唐踔. 对我国新生代农民工市民化问题的探析［J］. 前沿，2010（11）.

［47］张铁军. 新生代农民工城市融入的困境与解决路径［J］. 中共珠海市委党校珠海市行政学院学报，2010（3）.

［48］陈慧飞. 农民工城市住房分析及对策探讨［J］. 经济研究导刊，2010（15）.

［49］决策探索编辑部. 新生代农民工融入城市路在何方［J］. 决策探索

（上半月），2010（5）.

[50] 王春光. 新生代农民工城市融入进程及问题的社会学分析 [J]. 青年探索，2010（3）.

[51] 严辉. 农民工子女教育问题探析 [J]. 人才资源开发，2010（6）.

[52] 盛来运. 农民工的城市化及其政策建议 [J]. 中国统计，2010（5）.

[53] 李顺攀. 新生代农民工婚姻问题探究 [J]. 中国集体经济，2010（10）.

[54] 程诚，王宏波. 农民工市民化途径实证研究 [J]. 城市问题，2010（7）.

[55] 龙妮娜. 农民工精神文化生活状况及文化适应研究 [J]. 广西师范学院学报，2009（4）.

[56] 李福龙，刘光辉. 农业产业化——中国农业的第二次飞跃 [M]. 太原：山西经济出版社，1998.

[57] 胡兴定. 农业产业化理论与实践 [M]. 云南：云南民族出版社，2001.

[58] 刘茂松. 农业产业发展的制度分析 [M]. 北京：中国财政经济出版社，2002.

[59] 刘怀山. 浅谈农业产业化经营问题 [J]. 四川安邦治国场，2007（4）.

[60] 张红宇. 产业化成长与中部地区农村经济发展 [M]. 北京：中国农业出版社，2006.

[61] 佚名. 我们吃的是励志橙 [N]. 云南信息报，2012-11-05.

[62] 李娟. 构建农村新型产业支撑体系的路径选择 [J]. 农业经济，2007（9）.

[63] 马丁丑，等. 贫困地区农业技术推广新模式：发展小区域农业技术推广户 [J]. 中国农学通报，2006（5）.

[64] 刘成玉. 对特色农业产业化经营与农业竞争力的理论分析. [J]. 农业技术经济，2003（6）.

[65] 杨志勇，倪军. 美国和日本农业技术进步路线对中国的启示 [J]. 世界农业，2012（1）.

[66] 曹文志. 试论农业产业化的支持系统 [J]. 农业经济问题，1997（9）.

[67] 中共保山市委党党史地方工作委员会. 保山年鉴 [M]. 昆明：云南民族出版社，2011.

附录

1. 调查问卷

专题一：云南省"三江并流"区域农村地区调查访谈表

访谈地点：_____县（市）区_____乡（镇）_____村_____组

访谈时间：_____年_____月_____日

访谈人：_____

您好！我们是××大学××专业的学生（出示学生证），正在进行社会实践活动。组织这次"三江并流"区域农村地区家庭收入及环境保护调查活动的目的是准确了解当地农村家庭收入的状况，并及时掌握基层民众对精准扶贫问题的心声和期盼，从而为党和政府制定"三江并流"区域扶贫开发政策提供决策依据。我们想占用您一些时间，了解目前您所在地生态环境与扶贫的情况。我们对您的回答严格保密，不会损害您的任何利益，希望得到您的支持与合作。谢谢！

1. 您的年龄是（　　　　　）。

A. 20岁以下　　　B. 21～30岁　　　C. 31～40岁　　　D. 41～50岁

E. 50岁以上

2. 您的文化程度是（　　　　　）。

A. 小学　　　　　B. 初中　　　　　C. 高中　　　　　D. 专科

E. 本科以上　　　F. 没读过书

3. 您家有多少口人？（　　　　　）

A. 3 人以下　　　　B. 3 人　　　　C. 4 人　　　　D. 5 人

E. 5 人以上

4. 您家收入的主要来源是（　　　　　）。

A. 种植农作物　　　B. 出外打工　　　C. 经商　　　　D. 其他

5. 您家庭的收入平均每年是多少？（　　　　　）

A. 5 000 元以下　　　　　　　　B. 5 000 ~ 10 000 元

C. 10 000 元以上　　　　　　　D. 其他＿＿＿＿＿＿＿＿＿＿

您家庭有＿＿＿＿＿个人，年收入为＿＿＿＿＿＿＿元。

以现在的生活环境来看，

您认为您的家庭收入一年达到＿＿＿＿＿元至＿＿＿＿＿元能过得比较好。

您认为您的家庭收入一年达到＿＿＿＿＿元至＿＿＿＿＿元过得富裕。

您认为您的家庭收入一年达到＿＿＿＿＿元至＿＿＿＿＿元基本够用。

您认为您的家庭收入一年达到＿＿＿＿＿元至＿＿＿＿＿元则过得差。

您认为您的家庭一年如果少于＿＿＿＿＿元将无法维持生活。

6. 您的家庭开支最多的是（　　　　　）。

A. 家庭生活费　　　B. 孩子教育费　　　C. 医疗费　　　　D. 其他

7. 您觉得现在的农村生活比以前提高了么？（　　　　　）

A. 提高了很多　　　B. 提高了一点点　　C. 没有感觉

8. 您所在地区经济发展的主要产业是（　　　　　）。

A. 农副产品加工业　　　　　B. 旅游业（自然风光、民族风情）

C. 矿产、水资源开发业

9. 您觉得近年来您家乡的生态环境总体有怎样的变化？（　　　　　）

A. 自然生态环境受到很好的保护，没有出现破坏现象

B. 自然生态环境建设造成了一定的不良后果，出现了环境污染等现象

C. 自然生态环境遭受到严重破坏，没有得到及时治理

10. 您对村里的生活环境的态度是（　　　　　）。

A. 满意现状　　　B. 不太满意　　　C. 很不满意　　　D. 无所谓

11. 您家里的生活垃圾是怎样处置的？（　　　　　）

A. 扔到路边或沟道里或家门外空地

B. 扔到地里

C. 扔到垃圾池（桶），自己处理

D. 卖、回田、烧等分别回收利用处理

E. 扔到垃圾池（桶），并有专人收集清运

12. 您家里的生活污水，如何处理？（　　　　　　）

A. 泼到院子里　　　　　　　　　　B. 浇到地里

C. 通过排水沟排到屋外　　　　　　D. 下水道收集后排外

E. 排入自家挖的污水下渗池　　　　F. 下水道收集后并统一净化

H. 将污水集中，喂养家畜

13. 如果村里有生活垃圾箱（池），其维护情况是（　　　　　　）。

A. 村民自建自管　　　　　　　　　B. 村里统一建设，村民自管

C. 村里统一建设，统一收集清运　　D. 其他_____

14. 除了常规电能，您家里主要使用的能源还有哪些？（可多选）
（　　　　　　）

A. 使用液化气瓶或管道煤气或天然气　B. 焚烧秸秆等柴草

C. 使用太阳能、风能、水能　　　　D. 使用当地的沼气

E. 使用各种煤　　　　　　　　　　F. 其他_____

15. 您家里使用过的废弃农用薄膜，是如何处理的？（　　　　　）

A. 直接丢在使用过的田里　　　　　B. 从田里取出后随意弃置

C. 交给薄膜收集站统一处理　　　　D. 混同生活垃圾扔进垃圾箱

E. 卖给收废品的　　　　　　　　　F. 家里不用薄膜

16. 您家里收割后的秸秆（稻秆），是如何处理的？（　　　　　）

A. 在田里焚烧秸秆　　　　　　　　B. 随意弃置秸秆

C. 直接把秸秆烂在田里做肥料　　　D. 交给秸秆收集站（厂）

E. 发酵秸秆产生沼气　　　　　　　F. 使用秸秆烧饭

G. 其他处理方式_____　　　H. 家里没有秸秆产生

17. 您家里禽畜养殖点（场）的废弃物是如何处理的？（　　　　　）

A. 加工禽畜粪便生产有机肥料　　　B. 建立禽畜粪便收集站

C. 发酵禽畜粪便制造沼气　　　　　D. 将禽畜粪便堆积作农田肥料

E. 随意弃置禽畜粪便　　　　　　　F. 其他处理方式_____

G. 家里没有禽畜养殖点（场）

18. 您认为随意弃置农用薄膜、秸秆（稻秆）及禽畜粪便（　　　　　）。

A. 破坏了环境　　　　　　　　　　B. 没有破坏环境

C. 没有想过　　　　　　　　　　　D. 无所谓

19. 您家里因使用农药造成的影响是（　　　　　）。

A. 使人畜饮用水变质，不能使用

B. 使人畜饮用水受到影响，但还能使用

C. 使用规范、保护得当，对人畜没有危害

D. 使用的是无害农药

20. 您所在的村里有没有乡镇集体或私有工业企业？（　　　　　　）

A. 有　　　　　　　　　B. 没有

21. 您所在的村里工业废弃物主要是（　　　　　　）。

A. 工业废水　　　　　　　　　B. 工业废气

C. 固体废弃物　　　　　　　　　D. 其他_____

22. 如果村里有工业废弃物（废水、废气、废固体物），其排放情况是（　　　　　　）。

A. 没有经过任何处理　　　　　　B. 经过了简单处理但仍有污染

C. 经过了严格处理程序

23. 如果村里的工业废弃物排放没有经过任何处理，是因为（　　　　　　）。

A. 企业认为没有污染

B. 知道有污染，但治理成本太高，企业承担不了

C. 知道有污染，但治污技术过不了关，处理不了

D. 知道有污染，但企业不愿花钱处理

E. 知道有污染，但治污是政府的事，企业不用管

24. 您认为政府对农村的资金扶持重点应该放在（　　　　　　）。

A. 扶持农民搞好农业生产

B. 扶持村企业和种养大户，解决大众就业

C. 发展教育、文化、卫生等事业

D. 进行水、电、路等基础设施建设

E. 补贴慰问贫困户

25. 您认为发展当地经济可以出台哪些政策？（　　　　　　）

A. 修建房屋　　　B. 招商引资　　　C. 绿化生态工程　　　D. 发展旅游业

26. 您认为当地政府的政策对旅游业发展的影响如何？（　　　　　　）

A. 影响非常大　　　B. 影响力一般　　　C. 几乎没影响　　　D. 完全没影响

27. 您认为家乡的旅游业应如何发展？（　　　　　　）

A. 大力开发风景区，加入现代化元素

B. 大兴土木，吸引游客

C. 保持生态原貌的条件下适当开发，以免破坏当地的环境

28. 您对于开荒砍林发展经济的态度是（　　　　　　）。

A. 不要开发，保持原貌

B. 大力开发，吸引外资，以使家乡人民脱贫致富

C. 可以多发展原生态的旅游业，不要过度开发

29. 您认为贫困地区脱贫致富发展旅游业是必需的么？（　　　　　）

A. 是　　　　　　　B. 不是　　　　　　C. 不清楚

30. 你最迫切需要在生产中解决哪些技术问题?(限选三项)（　　　　　）

A. 育苗　　　　　B. 施肥　　　　C. 养殖　　　　D. 病虫害防治

E. 其他（请注明_____）

31. 您对家乡的生态环境建设有什么建议？

32. 您希望政府怎样帮助农民脱贫致富，请提出建议。

33. 您认为生态环境建设和脱贫二者之间有怎样的联系？

34. 您是否与专业合作社有联系？（比如购买服务或隶属于某合作社）如果有，是什么样的关系？有没有特殊待遇或享受优惠？

35. 就生态环境建设而言，您所在地享有哪些优惠扶持政策，还希望得到的政策扶持是什么？

36. 您从事生产所需资金，是自有还是借贷？如果是借贷，借贷渠道是什么？利率是多少？在资金借贷方面存在哪些需要解决的问题？

专题二：云南省"三江并流"区域典型县调查点调研提纲

（一）县级

1. 县农业局

近 3 年年终总结或汇报材料，基层农技推广改革情况。或者是县科技局农业科技进步贡献率。

① 农经站

各乡镇农民人口、耕地等生产资源情况，人均纯收入（3 年以上）情况，收入构成、各产业面积、产量等问题；近 3 年年终总结或汇报材料。

② 县农技推广中心

近 3 年年终总结或一些专题汇报材料；近几年受表彰的先进工作者申报材料或总结；在科技推广中有无一些创新性的方式、方法，效果较好的推广案例总结。

2. 县民宗局

该县关于这一人口较少民族的扶持政策、项目及实施效果，特别是农业方面的。近 3 年年终总结或汇报材料，"十一五"的总结及"十二五"的规划。

3. 州（县）环保局

有关"三江并流"区域生态环境建设工程情况，近 3 年年终总结或汇报材料，"十一五"的总结及"十二五"的规划。"三江并流"核心区资源开发利用情况，原住民生产生活情况。

4. 州（县）扶贫办

有关"三江并流"区域贫困农户扶贫情况，相关扶贫项目开展情况，近 3 年年终总结或汇报材料，"十一五"的总结及"十二五"的规划。

（二）乡级

1. 办公室

近 3 年年终总结或汇报材料，"十一五"总结及"十二五"的规划。

2. 统计员

农民人口、耕地等生产资源情况，人均纯收入（3 年以上）情况，收入构成、各产业面积、产量、受教育等情况。

3. 乡农技服务中心

近 3 年年终总结或汇报材料，近几年受表彰的先进工作者申报材料或总结，效果较好的推广项目案例总结，近 3 年开展各种推广项目所培训的人员、场次、教师选择方式等。农技人员人数、年龄、学历、职称构成、近几年自身进修学习情况、工作积极性。有无建议？

专题三：在家务农农民基本生活支出和收入调查问卷

一、基本资料调查（表1）

表1　　　　　　　　　　　　基本资料

所属县市村		性别	
年龄		家庭人数	
农业劳动力人数		外出劳动力人数	
当地人均耕地标准		家庭自有耕地	
租赁耕地		家庭总耕地	

二、2014年农耕活动的具体流程及投入（表2、表3、表4）

表2　　　　　　　　　农耕活动的具体流程及投入（1）

第一季作物：＿＿＿＿＿＿　　　种植面积：＿＿＿＿＿亩

种植前（旋地、翻地等，人力、机械等服务）	元/亩
耕地（人力、机械等服务）	元/亩
种子投入（单价）	元/亩
化肥投入	元/亩
农药投入	元/亩
浇地灌溉投入	元/亩
收割投入（人力、机械服务等）	元/亩
农机具投入	元/年
其他燃料投入＿＿＿＿＿＿＿＿	元/亩
其他工具等物资投入＿＿＿＿	元/亩
产出（单产，单价）	元/亩
补贴收入	元/亩
备注	

表 3 农耕活动的具体流程及投入（2）

第二季作物：_____　　　　　种植面积：_____亩

种植前（旋地、翻地等，人力、机械等服务）	元/亩
耕地（人力、机械等服务）	元/亩
种子投入（单价）	元/亩
化肥投入	元/亩
农药投入	元/亩
浇地灌溉投入	元/亩
收割投入（人力、机械服务等）	元/亩
农机具投入	元/年
其他燃料投入_____	元/亩
其他工具等物资投入_____	元/亩
产出（单产，单价）	元/亩
补贴收入	元/亩
备注	

表 4 农耕活动的具体流程及投入（3）

第三季作物：_____　　　　　种植面积：_____亩

种植前（旋地、翻地等，人力、机械等服务）	元/亩
耕地（人力、机械等服务）	元/亩
种子投入（单价）	元/亩
化肥投入	元/亩
农药投入	元/亩
浇地灌溉投入	元/亩
收割投入（人力、机械服务等）	元/亩
农机具投入	元/年
其他燃料投入_____	元/亩
其他工具等物资投入_____	元/亩
产出（单产，单价）	元/亩
补贴收入	元/亩
备注	

三、在家务农的农民基本生活支出和收入调查表（表5）

表5　　　　　　　　在家务农的农民基本生活支出和收入调查表

项目	细分项目	2009 年	2010 年
基本生活支出	日常食品支出		
	日常穿用支出（包括烟酒等）		
	交通支出		
	子女教育支出		
	个人教育支出		
	医疗支出		
	社会保障支出		
	人情费		
	其他基本支出		
	其他突发性支出		
农业生产支出	农业资本投入（借款利息）		
	农业物资投入		
	农业土地投入（租金）		
	农业人力投入		
	其他		
养殖生产支出	养殖资本投入（借款利息）		
	养殖物资投入		
	养殖土地投入（租金）		
	养殖人力投入		
	其他		
收入	种植收入		
	养殖收入		
	种粮补贴收入		
	种子补贴收入		
	农机具补贴收入		
	其他		

专题四：对在家务农农民的定性调查

1. 请问您为什么选择在家务农，而不外出务工？

2. 在家务农是否满意？最满意的是哪些方面？哪些方面不满意？

3. 在家务农最大的困难是什么？最大支出是什么？

4. 近 10 年有没有外出务工过？为什么不外出务工了？

5. 以后是愿意继续在家务农，还是外出务工？为什么？

6. 如果在外务工的哪些条件改变，会让您选择外出？

7. 要继续在家务农，最希望改变的是什么？

专题五：在外务工基本生活支出和收入调查问卷

一、基本资料调查

表6 基本资料

所在工作单位		工作内容	
是否签订合同		工资水平	
所属县市村		性别	
年龄		家庭人数	
外出劳动力人数		农业劳动力人数	
当地人均耕地标准		家庭自有耕地	
租赁耕地		家庭总耕地	

二、在外务工农民基本生活支出和收入调查表

表7 在外务工农民基本生活支出和收入调查表

项目	细分项目	2011 年（元/年）	2012 年（元/年）
基本生活支出	日常食品支出		
	日常穿用支出		
	住宿支出		
	交通支出		
	子女教育支出		
	个人教育支出		
	医疗支出		
	社会保障支出		
	人情费		
	其他突发性支出		
	其他基本支出		
	其他		
收入	打工收入		
	其他		

专题六：对外出务工农民的定性调查

1. 请问您为什么选择外出务工，而不在家务农？

2. 在外务工是否满意？最满意的是哪些方面？哪些方面不满意？

3. 通过什么方式出去工作的？最大困难是什么？最大支出是什么？

4. 在外务工多久了？觉得近10年情况有何变化？变化最大的是什么？

5. 以后是愿意继续外出务工，还是在家务农？为什么？

6. 如果农业生产哪些方面改变了，会选择在家务农？

7. 要继续在外务工，最希望改变的是什么？

专题七：样本点农村地区基层乡镇专题调研提纲

1. 生态环境建设情况（美丽乡村建设）

生态环境建设工程情况，社会主义新农村建设情况，水源保护区资源开发利用情况，村民生产生活情况。

2. 农民增收情况、特困农户扶贫举措及实施效果

区域内贫困农户扶贫情况，相关扶贫项目开展情况，少数民族的扶持政策、项目及实施效果，特别是除农业方面以外的其他方面收入情况。

3. 特色文化产业发展情况（乡村旅游、民俗旅游等）

特色民族文化发展情况，相关项目进展情况，文化服务体系建设情况及近年来受表彰的申报材料或总结；在特色文化产业发展中有无一些创新性的方式、方法，效果较好的推广案例总结。

备注：

相关专题近 3 年年终总结或汇报材料。（乡）镇农民人口、耕地等生产资源情况、人均纯收入（3 年以上）情况，收入构成、各产业面积、产量等问题；近 3 年年终总结或汇报材料（含综合服务站、经作站、民政等）。

近 3 年年终总结或一些专题汇报材料；近几年受表彰的先进工作者申报材料或总结；有无一些农民增加收入的创新性的方式、办法，效果较好的生态环境、扶贫、特色文化产业开发案例总结。

2. 中国农村扶贫开发纲要（2011—2020 年）

为进一步加快贫困地区发展，促进共同富裕，实现到 2020 年全面建成小康社会奋斗目标，特制定本纲要。

序言

（一）扶贫事业取得巨大成就。消除贫困、实现共同富裕，是社会主义制度的本质要求。改革开放以来，我国大力推进扶贫开发，特别是随着《国家八七扶贫攻坚计划（1994—2000 年）》和《中国农村扶贫开发纲要（2001—2010 年）》的实施，扶贫事业取得了巨大成就。农村贫困人口大幅减少，收入水平稳步提高，贫困地区基础设施明显改善，社会事业不断进步，最低生活保障制度全面建立，农村居民生存和温饱问题基本解决，探索出一条中国特色扶贫开发道路，为促进我国经济发展、政治稳定、民族团结、边疆巩固、社会和谐发挥了重要作用，为推动全球减贫事业发展做出了重大贡献。

（二）扶贫开发是长期历史任务。我国仍处于并将长期处于社会主义初级阶段。经济社会发展总体水平不高，区域发展不平衡问题突出，制约贫困地区发展的深层次矛盾依然存在。扶贫对象规模大，相对贫困问题凸显，返贫现象时有发生，贫困地区特别是集中连片特殊困难地区（以下简称连片特困地区）发展相对滞后，扶贫开发任务仍十分艰巨。同时，我国工业化、信息化、城镇化、市场化、国际化不断深入，经济发展方式加快转变，国民经济保持平稳较快发展，综合国力明显增强，社会保障体系逐步健全，为扶贫开发创造了有利环境和条件。我国扶贫开发已经从以解决温饱为主要任务的阶段转入巩固温饱成果、加快脱贫致富、改善生态环境、提高发展能力、缩小发展差距的新阶段。

（三）深入推进扶贫开发意义重大。扶贫开发事关巩固党的执政基础，事关国家长治久安，事关社会主义现代化大局。深入推进扶贫开发，是建设中国特色社会主义的重要任务，是深入贯彻落实科学发展观的必然要求，是坚持以人为本、执政为民的重要体现，是统筹城乡区域发展、保障和改善民生、缩小发展差距、促进全体人民共享改革发展成果的重大举措，是全面建设小康社会、构建社会主义和谐社会的迫切需要。必须以更大的决心、更强的力度、更有效的举措，打好新一轮扶贫开发攻坚战，确保全国人民共同实现全面小康。

一、总体要求

（四）指导思想。高举中国特色社会主义伟大旗帜，以邓小平理论和"三个代表"重要思想为指导，深入贯彻落实科学发展观，提高扶贫标准，加大投入力度，把连片特困地区作为主战场，把稳定解决扶贫对象温饱、尽快实现脱贫致富作为首要任务，坚持政府主导，坚持统筹发展，更加注重转变经济发展方式，更加注重增强扶贫对象自我发展能力，更加注重基本公共服务均等化，更加注重解决制约发展的突出问题，努力推动贫困地区经济社会更好更快发展。

（五）工作方针。坚持开发式扶贫方针，实行扶贫开发和农村最低生活保障制度有效衔接。把扶贫开发作为脱贫致富的主要途径，鼓励和帮助有劳动能力的扶贫对象通过自身努力摆脱贫困；把社会保障作为解决温饱问题的基本手段，逐步完善社会保障体系。

（六）基本原则

——政府主导，分级负责。各级政府对本行政区域内扶贫开发工作负总责，把扶贫开发纳入经济社会发展战略及总体规划。实行扶贫开发目标责任制和考核评价制度。

——突出重点，分类指导。中央重点支持连片特困地区。加大对革命老区、民族地区、边疆地区扶持力度。根据不同地区经济社会发展水平，因地制宜制定扶贫政策，实行有差异的扶持措施。

——部门协作，合力推进。各相关部门要根据国家扶贫开发战略部署，结合各自职能，在制定政策、编制规划、分配资金、安排项目时向贫困地区倾斜，形成扶贫开发合力。

——自力更生，艰苦奋斗。加强引导，更新观念，充分发挥贫困地区、扶贫对象的主动性和创造性，尊重扶贫对象的主体地位，提高其自我管理水平和发展能力，立足自身实现脱贫致富。

——社会帮扶，共同致富。广泛动员社会各界参与扶贫开发，完善机制，拓展领域，注重实效，提高水平。强化政策措施，鼓励先富帮后富，实现共同富裕。

——统筹兼顾，科学发展。坚持扶贫开发与推进城镇化、建设社会主义新农村相结合，与生态建设、环境保护相结合，充分发挥贫困地区资源优势，发展环境友好型产业，增强防灾减灾能力，提倡健康科学生活方式，促进经济社会发展与人口资源环境相协调。

——改革创新，扩大开放。适应社会主义市场经济要求，创新扶贫工作机制。扩大对内对外开放，共享减贫经验和资源。继续办好扶贫改革试验区，积极探索开放式扶贫新途径。

二、目标任务

（七）总体目标。到2020年，稳定实现扶贫对象不愁吃、不愁穿，保障其义务教育、基本医疗和住房。贫困地区农民人均纯收入增长幅度高于全国平均水平，基本公共服务主要领域指标接近全国平均水平，扭转发展差距扩大趋势。

（八）主要任务

——基本农田和农田水利。到2015年，贫困地区基本农田和农田水利设施有较大改善，保障人均基本口粮田。到2020年，农田基础设施建设水平明显提高。

——特色优势产业。到2015年，力争实现1户1项增收项目。到2020年，初步构建特色支柱产业体系。

——饮水安全。到2015年，贫困地区农村饮水安全问题基本得到解决。到2020年，农村饮水安全保障程度和自来水普及率进一步提高。

——生产生活用电。到2015年，全面解决贫困地区无电行政村用电问题，大幅度减少西部偏远地区和民族地区无电人口数量。到2020年，全面解决无电人口用电问题。

——交通。到2015年，提高贫困地区县城通二级及以上高等级公路比例，除西藏外，西部地区80%的建制村通沥青（水泥）路，稳步提高贫困地区农村客运班车通达率。到2020年，实现具备条件的建制村通沥青（水泥）路，推进村庄内道路硬化，实现村村通班车，全面提高农村公路服务水平和防灾抗灾能力。

——农村危房改造。到2015年，完成农村困难家庭危房改造800万户。到2020年，贫困地区群众的居住条件得到显著改善。

——教育。到2015年，贫困地区学前三年教育毛入园率有较大提高；巩固提高九年义务教育水平；高中阶段教育毛入学率达到80%；保持普通高中和中等职业学校招生规模大体相当；提高农村实用技术和劳动力转移培训水平；扫除青壮年文盲。到2020年，基本普及学前教育，义务教育水平进一步提高，普及高中阶段教育，加快发展远程继续教育和社区教育。

——医疗卫生。到2015年，贫困地区县、乡、村三级医疗卫生服务网基本健全，县级医院的能力和水平明显提高，每个乡镇有 1 所政府举办的卫生院，每个行政村有卫生室；新型农村合作医疗参合率稳定在90%以上，门诊统筹全覆盖基本实现；逐步提高儿童重大疾病的保障水平，重大传染病和地方病得到有效控制；每个乡镇卫生院有 1 名全科医生。到 2020 年，贫困地区群众获得公共卫生和基本医疗服务更加均等。

——公共文化。到 2015 年，基本建立广播影视公共服务体系，实现已通电 20 户以下自然村广播电视全覆盖，基本实现广播电视户户通，力争实现每个县拥有 1 家数字电影院，每个行政村每月放映 1 场数字电影；行政村基本通宽带，自然村和交通沿线通信信号基本覆盖。到 2020 年，健全完善广播影视公共服务体系，全面实现广播电视户户通；自然村基本实现通宽带；健全农村公共文化服务体系，基本实现每个国家扶贫开发工作重点县（以下简称重点县）有图书馆、文化馆，乡镇有综合文化站，行政村有文化活动室。以公共文化建设促进农村廉政文化建设。

——社会保障。到 2015 年，农村最低生活保障制度、五保供养制度和临时救助制度进一步完善，实现新型农村社会养老保险制度全覆盖。到 2020 年，农村社会保障和服务水平进一步提升。

——人口和计划生育。到 2015 年，力争重点县人口自然增长率控制在8‰以内，妇女总和生育率在 1.8 左右。到 2020 年，重点县低生育水平持续稳定，逐步实现人口均衡发展。

——林业和生态。到 2015 年，贫困地区森林覆盖率比 2010 年底增加 1.5 个百分点。到 2020 年，森林覆盖率比 2010 年底增加 3.5 个百分点。

三、对象范围

（九）扶贫对象。在扶贫标准以下具备劳动能力的农村人口为扶贫工作主要对象。建立健全扶贫对象识别机制，做好建档立卡工作，实行动态管理，确保扶贫对象得到有效扶持。逐步提高国家扶贫标准。各省（自治区、直辖市）可根据当地实际制定高于国家扶贫标准的地区扶贫标准。

（十）连片特困地区。六盘山区、秦巴山区、武陵山区、乌蒙山区、滇桂黔石漠化区、滇西边境山区、大兴安岭南麓山区、燕山—太行山区、吕梁山区、大别山区、罗霄山区等区域的连片特困地区和已明确实施特殊政策的西藏、四省藏区、新疆南疆三地州是扶贫攻坚主战场。加大投入和支持力度，加强对跨省片区规划的指导和协调，集中力量，分批实施。各省（自治区、直辖市）对所属连片特困地区负总责，在国家指导下，以县为基础制定和实施扶贫攻坚工程规划。国务院各部门、地方各级政府要加大统筹协调力度，集中实施一批教育、卫生、文化、就业、社会保障等民生工程，大力改善生产生活条件，培育壮大一批特色优势产业，加快区域性重要基础设施建设步伐，加强生态建设和环境保护，着力解决制约发展的瓶颈问题，促进基本公共服务均等化，从根本上改变连片特困地区面貌。各省（自治区、直辖市）可自行确定若干连片特困地区，统筹资源给予重点扶持。

（十一）重点县和贫困村。要做好连片特困地区以外重点县和贫困村的扶贫工作。原定重点县支持政策不变。各省（自治区、直辖市）要制定办法，采取措施，根据实际情况进行调整，实现重点县数量逐步减少。重点县减少的省份，国家的支持力度不减。

四、专项扶贫

（十二）易地扶贫搬迁。坚持自愿原则，对生存条件恶劣地区扶贫对象实行易地扶贫搬迁。引导其他移民搬迁项目优先在符合条件的贫困地区实施，加强与易地扶贫搬迁项目的衔接，共同促进改善贫困群众的生产生活环境。充分考虑资源条件，因地制宜，有序搬迁，改善生存与发展条件，着力培育和发展后续产业。有条件的地方引导向中小城镇、工业园区移民，创造就业机会，提高就业能力。加强统筹协调，切实解决搬迁群众在生产生活等方面的困难和问题，确保搬得出、稳得住、能发展、可致富。

（十三）整村推进。结合社会主义新农村建设，自下而上制定整村推进规划，分期分批实施。发展特色支柱产业，改善生产生活条件，增加集体经济收入，提高自我发展能力。以县为平台，统筹各类涉农资金和社会帮扶资源，集中投入，实施水、电、路、气、房和环境改善"六到农家"工程，建设公益设施较为完善的农村社区。加强整村推进后续管理，健全新型社区管理和服务体制，巩固提高扶贫开发成果。贫困村相对集中的地方，可实行整乡推进、连片开发。

（十四）以工代赈。大力实施以工代赈，有效改善贫困地区耕地（草场）质量，稳步增加有效灌溉面积。加强乡村（组）道路和人畜饮水工程建设，开展水土保持、小流域治理和片区综合开发，增强抵御自然灾害能力，夯实发展基础。

（十五）产业扶贫。充分发挥贫困地区生态环境和自然资源优势，推广先进实用技术，培植壮大特色支柱产业，大力推进旅游扶贫。促进产业结构调整，通过扶贫龙头企业、农民专业合作社和互助资金组织，带动和帮助贫困农户发展生产。引导和支持企业到贫困地区投资兴业，带动贫困农户增收。

（十六）就业促进。完善雨露计划。以促进扶贫对象稳定就业为核心，对农村贫困家庭未继续升学的应届初、高中毕业生参加劳动预备制培训，给予一定的生活费补贴；对农村贫困家庭新成长劳动力接受中等职业教育给予生活费、交通费等特殊补贴。对农村贫困劳动力开展实用技术培训。加大对农村贫困残疾人就业的扶持力度。

（十七）扶贫试点。创新扶贫开发机制，针对特殊情况和问题，积极开展边境地区扶贫、地方病防治与扶贫开发结合、灾后恢复重建以及其他特困区域和群体扶贫试点，扩大互助资金、连片开发、彩票公益金扶贫、科技扶贫等试点。

（十八）革命老区建设。国家对贫困地区的革命老区县给予重点扶持。

五、行业扶贫

（十九）明确部门职责。各行业部门要把改善贫困地区发展环境和条件作为本行业发展规划的重要内容，在资金、项目等方面向贫困地区倾斜，并完成本行业国家确定的扶贫任务。

（二十）发展特色产业。加强农、林、牧、渔产业指导，发展各类专业合作组织，完善农村社会化服务体系。围绕主导产品、名牌产品、优势产品，大力扶持建设各类批发市场和边贸市场。按照全国主体功能区规划，合理开发当地资源，积极发展新兴产业，承接产业转移，调整产业结构，增强贫困地区发展内生动力。

（二十一）开展科技扶贫。积极推广良种良法。围绕特色产业发展，加大科技攻关和科技成果转化力度，推动产业升级和结构优化。培育一批科技型扶贫龙头企业。建立完善符合贫困地区实际的新型科技服务体系，加快科技扶贫示范村和示范户建设。继续选派科技扶贫团、科技副县（市）长和科技副乡（镇）长、科技特派员到重点县工作。

（二十二）完善基础设施。推进贫困地区土地整治，加快中低产田改造，开展土地平整，提高耕地质量。推进大中型灌区续建配套与节水改造和小型农田水利建设，发展高效节水灌溉，扶持修建小微型水利设施，抓好病险水库（闸）除险加固工程和灌溉排水泵站更新改造，加强中小河流治理、山洪地质灾害防治及水土流失综合治理。积极实施农村饮水安全工程。加大牧区游牧民定居工程实施力度。加快贫困地区通乡、通村道路建设，积极发展农村配送物流。继续推进水电新农村电气化、小水电代燃料工程建设和农村电网改造升级，实现城乡用电同网同价。普及信息服务，优先实施重点县村村通有线电视、电话、互联网工程。加快农村邮政网络建设，推进电信网、广电网、互联网三网融合。

（二十三）发展教育文化事业。推进边远贫困地区适当集中办学，加快寄宿制学校建设，加大对边远贫困地区学前教育的扶持力度，逐步提高农村义务教育家庭经济困难寄宿生生活补助标准。免除中等职业教育学校家庭经济困难学生和涉农专业学生学费，继续落实国家助学金政策。在民族地区全面推广国家通用语言文字。推动农村中小学生营养改善工作。关心特殊教育，加大对各级各类残疾学生扶助力度。继续实施东部地区对口支援中西部地区高等学校计划和招生协作计划。贫困地区劳动力进城务工，输出地和输入地要积极开展就业培训。继续推进广播电视村村通、农村电影放映、文化信息资源共享和农家书屋等重大文化惠民工程建设。加强基层文化队伍建设。

（二十四）改善公共卫生和人口服务管理。提高新型农村合作医疗和医疗救助保障水平。进一步健全贫困地区基层医疗卫生服务体系，改善医疗与康复服务设施条件。加强妇幼保健机构能力建设。加大重大疾病和地方病防控力度。继续实施万名医师支援农村卫生工程，组织城市医务人员在农村开展诊疗服务、临床教学、技术培训等多种形式的帮扶活动，提高县医院和乡镇卫生院的技术水平和服务能力。加强贫困地区人口和计划生育工作，进一步完善农村计划生育家庭奖励扶助制度、"少生快富"工程和计划生育家庭特别扶助制度，加大对计划生育扶贫对象的扶持力度，加强流动人口计划生育服务管理。

（二十五）完善社会保障制度。逐步提高农村最低生活保障和五保供养水平，切实保障没有劳动能力和生活常年困难农村人口的基本生活。健全自然灾害应急救助体系，完善受灾群众生活救助政策。加快新型农村社会养老保险制度覆盖进度，支持贫困地区加强社会保障服务体系建设。加快农村养老机构和服务设施建设，支持贫困地区建立健全养老服务体系，解决广大老年人养老问题。加快贫困地区社区建设。做好村庄规划，扩大农村危房改造试点，帮助贫困户解决基本住房安全问题。完善农民工就业、社会保障和户籍制度改革等政策。

（二十六）重视能源和生态环境建设。加快贫困地区可再生能源开发利用，因地制宜发展小水电、太阳能、风能、生物质能，推广应用沼气、节能灶、固体成型燃料、秸秆气化集中供气站等生态能源建设项目，带动改水、改厨、改厕、改圈和秸秆综合利用。提高城镇生活污水和垃圾无害化处理率，加大农村环境综合整治力度。加强草原保护和建设，加强自然保护区建设和管理，大力支持退牧还草工程。采取禁牧、休牧、轮牧等措施，恢复天然草原植被和生态功能。加大泥石流、山体滑坡、崩塌等地质灾害防治力度，重点抓好灾害易发区内的监测预警、搬迁避让、工程治理等综合防治措施。

六、社会扶贫

（二十七）加强定点扶贫。中央和国家机关各部门各单位、人民团体、参照公务员法管理的事业单位和国有大型骨干企业、国有控股金融机构、国家重点科研院校、军队和武警部队，要积极参加定点扶贫，承担相应的定点扶贫任务。支持各民主党派中央、全国工商联参与定点扶贫工作。积极鼓励、引导、支持和帮助各类非公有制企业、社会组织承担定点扶贫任务。定点扶贫力争对重点县全覆盖。各定点扶贫单位要制定帮扶规划，积极筹措资金，定期选派优秀中青年干部挂职扶贫。地方各级党政机关和有关单位要切实做好定点扶贫工作，发挥党政领导定点帮扶的示范效应。

（二十八）推进东西部扶贫协作。东西部扶贫协作双方要制定规划，在资金支持、产业发展、干部交流、人员培训以及劳动力转移就业等方面积极配合，发挥贫困地区自然资源和劳动力资源优势，做好对口帮扶工作。国家有关部门组织的行业对口帮扶，应与东西部扶贫协作结对关系相衔接。积极推进东中部地区支援西藏、新疆经济社会发展，继续完善对口帮扶的制度和措施。各省（自治区、直辖市）要根据实际情况，在当地组织开展区域性结对帮扶工作。

（二十九）发挥军队和武警部队的作用。坚持把地方扶贫开发所需与部队所能结合起来。部队应本着就地就近、量力而行、有所作为的原则，充分发挥组织严密、突击力强和人才、科技、装备等优势，积极参与地方扶贫开发，实现军地优势互补。

（三十）动员企业和社会各界参与扶贫。大力倡导企业社会责任，鼓励企业采取多种方式，推进集体经济发展和农民增收。加强规划引导，鼓励社会组织和个人通过多种方式参与扶贫开发。积极倡导扶贫志愿者行动，构建扶贫志愿者服务网络。鼓励工会、共青团、妇联、科协、侨联等群众组织以及海外华人华侨参与扶贫。

七、国际合作

（三十一）开展国际交流合作。通过走出去、引进来等多种方式，创新机制，拓宽渠道，加强国际反贫困领域交流。借鉴国际社会减贫理论和实践，开展减贫项目合作，共享减贫经验，共同促进减贫事业发展。

八、政策保障

（三十二）政策体系。完善有利于贫困地区、扶贫对象的扶贫战略和政策体系。发挥专项扶贫、行业扶贫和社会扶贫的综合效益。实现开发扶贫与社会保障的有机结合。对扶贫工作可能产生较大影响的重大政策和项目，要进行贫困影响评估。

（三十三）财税支持。中央和地方财政逐步增加扶贫开发投入。中央财政扶贫资金的新增部分主要用于连片特困地区。加大中央和省级财政对贫困地区的一般性转移支付力度。加大中央集中彩票公益金支持扶贫开发事业的力度。对贫困地区属于国家鼓励发展的内外资投资项目和中西部地区外商投资优势产业项目，进口国内不能生产的自用设备，以及按照合同随设备进口的技术及配件、备件，在规定范围内免征关税。企业用于扶贫事业的捐赠，符合税法规定条件的，可按规定在所得税税前扣除。

（三十四）投资倾斜。加大贫困地区基础设施建设、生态环境和民生工程等投入力度，加大村级公路建设、农业综合开发、土地整治、小流域与水土流失治理、农村水电建设等支持力度。国家在贫困地区安排的病险水库除险加固、生态建设、农村饮水安全、大中型灌区配套改造等公益性建设项目，取消县以下（含县）以及西部地区连片特困地区配套资金。各级政府都要加大对连片特困地区的投资支持力度。

（三十五）金融服务。继续完善国家扶贫贴息贷款政策。积极推动贫困地区金融产品和服务方式创新，鼓励开展小额信用贷款，努力满足扶贫对象发展生产的资金需求。继续实施残疾人康复扶贫贷款项目。尽快实现贫困地区金融机构空白乡镇的金融服务全覆盖。引导民间借贷规范发展，多方面拓宽贫困地区融资渠道。鼓励和支持贫困地区县域法人金融机构将新增可贷资金70%以上留在当地使用。积极发展农村保险事业，鼓励保险机构在贫困地区建立基层服务网点。完善中央财政农业保险保费补贴政策。针对贫困地区特色主导产业，鼓励地方发展特色农业保险。加强贫困地区农村信用体系建设。

（三十六）产业扶持。落实国家西部大开发各项产业政策。国家大型项目、重点工程和新兴产业要优先向符合条件的贫困地区安排。引导劳动密集型产业向贫困地区转移。加强贫困地区市场建设。支持贫困地区资源合理开发利用，完善特色优势产业支持政策。

（三十七）土地使用。按照国家耕地保护和农村土地利用管理有关制度规定，新增建设用地指标要优先满足贫困地区易地扶贫搬迁建房需求，合理安排小城镇和产业聚集区建设用地。加大土地整治力度，在项目安排上，向有条件的重点县倾斜。在保护生态环境的前提下支持贫困地区合理有序开发利用矿产资源。

（三十八）生态建设。在贫困地区继续实施退耕还林、退牧还草、水土保持、天然林保护、防护林体系建设和石漠化、荒漠化治理等重点生态修复工程。建立生态补偿机制，并重点向贫困地区倾斜。加大重点生态功能区生态补偿力度。重视贫困地区的生物多样性保护。

（三十九）人才保障。组织教育、科技、文化、卫生等行业人员和志愿者到贫困地区服务。制定大专院校、科研院所、医疗机构为贫困地区培养人才的鼓励政策。引导大中专毕业生到贫困地区就业创业。对长期在贫困地区工作的干部要制定鼓励政策，对各类专业技术人员在职务、职称等方面实行倾斜政策，对定点扶贫和东西部扶贫协作挂职干部要关心爱护，妥善安排他们的工作、生活，充分发挥他们的作用。发挥创业人才在扶贫开发中的作用。加大贫困地区干部和农村实用人才的培训力度。

（四十）重点群体。把对少数民族、妇女儿童和残疾人的扶贫开发纳入规划，统一组织，同步实施，同等条件下优先安排，加大支持力度。继续开展兴边富民行动，帮助人口较少民族脱贫致富。推动贫困家庭妇女积极参与全国妇女"双学双比"活动，关注留守妇女和儿童的贫困问题。制定实施农村残疾人扶贫开发纲要（2011—2020 年），提高农村残疾人生存和发展能力。

九、组织领导

（四十一）强化扶贫开发责任。坚持中央统筹、省负总责、县抓落实的管理体制，建立片为重点、工作到村、扶贫到户的工作机制，实行党政一把手负总责的扶贫开发工作责任制。各级党委和政府要进一步提高认识，强化扶贫开发领导小组综合协调职能，加强领导，统一部署，加大省级统筹、资源整合力度，扎实推进各项工作。进一步完善对有关党政领导干部、工作部门和重点县的扶贫开发工作考核激励机制，各级组织部门要积极配合。东部地区各省（直辖市）要进一步加大对所属贫困地区和扶贫对象的扶持力度。鼓励和支持有条件的地方探索解决城镇化进程中的贫困问题。

（四十二）加强基层组织建设。充分发挥贫困地区基层党组织的战斗堡垒作用，把扶贫开发与基层组织建设有机结合起来。选好配强村级领导班子，以强村富民为目标，以强基固本为保证，积极探索发展壮大集体经济、增加村级集体积累的有效途径，拓宽群众增收致富渠道。鼓励和选派思想好、作风正、能力强、愿意为群众服务的优秀年轻干部、退伍军人、高校毕业生到贫困村工作，帮助建班子、带队伍、抓发展。带领贫困群众脱贫致富有突出成绩的村干部，可按有关规定和条件优先考录为公务员。

（四十三）加强扶贫机构队伍建设。各级扶贫开发领导小组要加强对扶贫开发工作的指导，研究制定政策措施，协调落实各项工作。各省（自治区、直辖市）扶贫开发领导小组每年要向国务院扶贫开发领导小组报告工作。要进一步强化各级扶贫机构及其职能，加强队伍建设，改善工作条件，提高管理水平。贫困程度深的乡镇要有专门干部负责扶贫开发工作。贫困地区县级领导干部和县以上扶贫部门干部的培训要纳入各级党政干部培训规划。各级扶贫部门要大力加强思想、作风、廉政和效能建设，提高执行能力。

（四十四）加强扶贫资金使用管理。财政扶贫资金主要投向连片特困地区、重点县和贫困村，集中用于培育特色优势产业、提高扶贫对象发展能力和改善扶贫对象基本生产生活条件，逐步增加直接扶持到户资金规模。创新扶贫资金到户扶持机制，采取多种方式，使扶贫对象得到直接有效扶持。使用扶贫资金的基础设施建设项目，要确保扶贫对象优先受益，产业扶贫项目要建立健全带动贫困户脱贫增收的利益连接机制。完善扶贫资金和项目管理办法，开展绩效考评。建立健全协调统一的扶贫资金管理机制。全面推行扶贫资金项目公告公示制，强化审计监督，拓宽监管渠道，坚决查处挤占挪用、截留和贪污扶贫资金的行为。

（四十五）加强扶贫研究和宣传工作。切实加强扶贫理论和政策研究，对扶贫实践进行系统总结，逐步完善中国特色扶贫理论和政策体系。深入实际调查研究，不断提高扶贫开发决策水平和实施能力。把扶贫纳入基本国情教育范畴，作为各级领导干部和公务员教育培训的重要内容、学校教育的参考材料。继续加大扶贫宣传力度，广泛宣传扶贫开发政策、成就、经验和典型事迹，营造全社会参与扶贫的良好氛围。同时，向国际社会展示我国政府保障人民生存权、发展权的努力与成效。

（四十六）加强扶贫统计与贫困监测。建立扶贫开发信息系统，开展对连片特困地区的贫困监测。进一步完善扶贫开发统计与贫困监测制度，不断规范相关信息的采集、整理、反馈和发布工作，更加及时客观反映贫困状况、变化趋势和扶贫开发工作成效，为科学决策提供依据。

（四十七）加强法制化建设。加快扶贫立法，使扶贫工作尽快走上法制化轨道。

（四十八）各省（自治区、直辖市）要根据本纲要，制定具体实施办法。

（四十九）本纲要由国家扶贫开发工作机构负责协调并组织实施。

3. 云南省农村扶贫开发纲要（2011—2020 年）

为进一步加快贫困地区发展，集中力量打好新一轮扶贫攻坚战，加快建设我国面向西南开放重要桥头堡，实现到 2020 年全面建成小康社会奋斗目标，根据《中国农村扶贫开发纲要（2011—2020 年）》，结合云南实际，特制定本纲要。

一、扶贫开发的重要性和紧迫性

（一）扶贫开发取得巨大历史成就。进入新世纪以来，在党中央、国务院的正确领导下，在中央定点扶贫单位、上海市和社会各界的大力支持下，省委、省政府高度重视扶贫开发工作，团结带领广大干部群众艰苦奋斗，不断创新扶贫开发方式，千方百计加大贫困地区投入力度，广泛动员社会各界扶贫济困，扶贫开发取得了巨大成就。10 年来，累计投入专项财政扶贫资金 216 亿元，减少农村贫困人口 697 万人，深度贫困人口由 337.5 万人下降到 160.2 万人。贫困地区农民人均纯收入由 1 100 元增加到 3 109 元，人均 GDP 由 2 207 元提高到 8 590 元，人均地方财政收入由 120 元提高到 546 元。贫困地区基础设施明显加强，社会事业加快发展，生态环境不断改善，最低生活保障制度基本建立，贫困问题得到有效缓解，特殊困难群体和区域脱贫进程持续加快，创造了具有云南特点的扶贫开发模式，为促进我省经济发展、政治稳定、民族团结、边防巩固、社会和谐发挥了重要作用。

（二）扶贫开发任务依然十分艰巨。我省扶贫开发虽然取得显著成效，但制约贫困地区发展的深层次矛盾依然存在，农村贫困人口数量依然庞大，深度贫困人口比重依然很高，集中连片特殊困难地区（以下简称连片特困地区）贫困问题依然凸显，边境和民族贫困问题依然严峻，贫富差距扩大趋势依然持续，贫困地区经济发展与生态保护的矛盾依然突出，贫困问题仍旧是制约我省科学发展和谐发展跨越发展的重要瓶颈。全省有 73 个国家扶贫开发工作重点县（以下简称重点县）和 7 个省级重点县，连片特困地区涉及 85 个县（市、区）。按照农民人均纯收入 2 300 元（2010 年不变价）的新国家扶贫标准，我省贫困人口将超过 1 500 万人，其中仍有深度贫困人口 160.2 万人，是我省扶贫攻坚最难啃的"硬骨头"。扶贫开发工作仍然是全省经济社会发展最大的难点、最突出的重点之一，仍然是一项长期而重大的历史任务。

（三）坚定不移打好扶贫攻坚战。消除贫困、改善民生、实现共同富裕，是社会主义的本质要求。加快扶贫开发进程，是深入贯彻落实科学发展观的必然要求，是坚持以人为本、执政为民的重要体现，是统筹城乡区域发展、保障和改善民生、缩小发展差距、促进全体人民共享改革发展成果的重大举措，是全面建设小康社会、构建和谐社会的迫切需要，是建设开放富裕文明幸福新云南的重大任务，是各级党委、政府义不容辞的责任和神圣使命，事关巩固党的执政基础，事关国家的长治久安，事关民族团结和边疆稳固，事关云南现代化建设的全局。2011年至2020年是我省全面建设小康社会的关键期，是加快扶贫开发进程的战略机遇期，是集中攻坚解决深度贫困问题的决战期，扶贫开发已经从以解决温饱为主要任务的阶段转入解决深度贫困问题、巩固温饱成果、加快脱贫致富、改善生态环境、提高发展能力、缩小贫富差距、构建和谐社会的新阶段。国家打好新一轮扶贫攻坚战和深入推进西部大开发的重大战略举措，我省建设绿色经济强省、民族文化强省和中国面向西南开放重要桥头堡的跨越式推进，贫困地区广大干部群众更加强烈的脱贫致富愿望，为扶贫开发创造了前所未有的有利条件。各级党委、政府必须以高度的政治责任感和强烈的历史使命感，把扶贫开发作为推动云南跨越发展，实现"四个翻番""两个倍增"的重要战略支撑和重大举措，作为统筹城乡、促进区域协调发展、构建和谐社会的重要平台和关键抓手，进一步坚定信心、明确思路、锁定目标、落实责任，以更大的决心、更强的力度、更有效的举措，举全省之力打好新一轮扶贫攻坚战，让各族贫困群众尽快脱贫致富，确保与全国人民一道共同实现全面小康。

二、新阶段扶贫开发的总体要求

（四）指导思想。高举中国特色社会主义伟大旗帜，以邓小平理论和"三个代表"重要思想为指导，深入贯彻落实科学发展观，紧紧围绕"两强一堡"战略目标，坚持政府主导，坚持统筹发展，加大投入力度，把稳定解决扶贫对象温饱、尽快实现脱贫致富作为首要任务，把乌蒙山区、石漠化地区、滇西边境山区以及藏区等连片特困地区作为主战场，以改善民生为根本，以奋力跨越为关键，以专项扶贫、行业扶贫、社会扶贫为支撑，加强基础设施建设，加大产业培植力度，加快劳动者素质提高，更加注重转变经济发展方式，更加注重增强扶贫对象自我发展能力，更加注重基本公共服务均等化，更加注重解决制约发展的突出问题，巩固提升扶贫成果，突出解决深度贫困问题，全面推进扶贫对象脱贫致富，努力促进开放富裕文明幸福新云南建设。

（五）工作方针。坚持开发式扶贫方针，把扶贫开发与新农村建设、扶贫开发与发展特色产业、扶贫政策与农村低保制度、项目扶持与提高发展能力、常规扶贫与连片特困地区开发、专项扶贫与强农惠农政策、政府主导与社会帮扶、自身努力与争取支持有机结合起来。把扶贫开发作为脱贫致富的主要途径，鼓励和帮助有劳动能力的扶贫对象通过自身努力摆脱贫困。把社会保障作为解决温饱的基本手段，逐步完善保障体系。

（六）基本原则

——政府主导，分级负责。各级党委、政府对扶贫开发工作负总责，把扶贫开发纳入经济和社会发展战略及总体规划，实行扶贫开发目标责任制，建立健全考核奖惩制度，确保扶贫开发各项任务落到实处。

——瞄准对象，突出重点。瞄准贫困对象，突出重点区域，锁定扶贫开发目标，把边远、少数民族、贫困地区深度贫困群体作为重点，在资金项目、政策措施方面给予优先支持、重点倾斜。

——综合开发，整体推进。以发展特色产业、改善生产生活条件、增强自我发展能力为重点，以连片特困地区、重点县、贫困乡（镇）、贫困村规划为平台，实施山水林田路电气房综合治理，促进基本公共服务均等化，整体推进综合扶贫开发。

——部门协同，合力攻坚。各行业部门根据扶贫开发总体要求，结合各自职能，落实部门责任，在制定政策、编制规划、分配资金、实施项目时向贫困地区倾斜，合力推进贫困地区经济社会协调发展。

——以人为本，科学发展。正确处理扶贫开发与生态建设、环境保护的关系，充分发挥贫困地区资源优势，增强自我发展能力，发展环境友好型产业，重视计划生育工作，提升贫困人口素质，使经济社会发展与人口资源环境相协调。

——因地制宜，分类指导。根据连片特困地区、贫困乡（镇）、贫困村社、扶贫对象的贫困特征和致贫因素，突出针对性、操作性和实效性，实行差异化扶持措施。

——改革创新，扩大开放。创新扶贫开发机制，提高扶贫开发工作质量和水平。在着力解决农村贫困问题的同时，超前谋划城镇化、工业化进程中农村贫困人口变为城市贫民的问题。围绕桥头堡建设，通过"走出去、引进来"，有序开展与周边国家的减贫项目合作。

——社会帮扶，自力更生。充分调动社会各界参与扶贫开发的积极性，完善帮扶机制，拓展帮扶领域，扩大帮扶规模，提高帮扶水平。尊重扶贫对象主体地位，激发贫困地区内在活力，充分发挥其主动性和创造性。

（七）总体目标。到 2015 年，贫困地区农民人均纯收入增长幅度高于全省平均水平，不低于当地经济发展速度，贫困人口大幅减少，基本实现扶贫对象有饭吃、有水喝、有房住、有学上、有医疗、有产业。到 2020 年，基本解决深度贫困问题，基本解决连片特困地区贫困问题，稳定实现扶贫对象不愁吃、不愁穿，保障其义务教育、基本医疗和住房，贫困自然村村内通硬化道路、户户通电、通广播电视、通电信网络，贫困地区基本公共服务主要领域指标接近全省平均水平，城乡收入差距力争控制在 3∶1，基尼系数控制在 0.38 以内，发展差距逐步缩小。

（八）扶持重点

——瞄准贫困对象。将农民人均纯收入低于国家扶贫标准，具备劳动能力的农村人口作为扶贫开发工作的主要对象。健全扶贫对象识别机制，瞄准贫困地区和群体，坚持先难后易，实行贫困人口首扶制度，把着力点放在帮助最困难地区和最困难群众的脱贫发展问题上，确保扶贫资金真正用于贫困群众的脱贫致富。

——突出重点区域。以乌蒙山区、石漠化地区、滇西边境山区、藏区四个连片特困地区为主战场，把连片特困地区扶贫攻坚作为新阶段扶贫开发整体布局的核心，作为建设开放富裕文明幸福新云南的重大任务，着力推进兴边富民行动，以资源大整合、社会大参与、群众大发动、连片大开发为主要方式，把解决与扶贫对象脱贫致富密切相关的进村入户项目和解决制约贫困群众可持续脱贫、贫困地区可持续发展的区域性问题紧密结合起来，以区域发展带动扶贫开发，以扶贫开发促进区域发展，坚持"雪中送炭、突出重点"的原则，集中实施一批教育、卫生、文化、就业、社会保障等民生工程，积极推进产业连片开发，基础设施连片建设，村容村貌连片整治，大力改善生产生活条件，培育壮大一批特色优势产业，加快区域重要基础设施建设步伐，加强生态建设和环境保护，着力解决制约区域可持续发展的瓶颈问题，着力解决制约贫困群众可持续脱贫致富的主要矛盾，促进基本公共服务均等化，从根本上改变连片特困地区面貌。针对片区人口资源环境状况、经济社会发展情况、贫困特征及致贫因素，突出重点，分区施策，科学制定连片特困地区区域发展与扶贫攻坚规划，集中力量，整体推进，连片开发。乌蒙山区要突出解决资源承载过重的问题，切实加大农村剩余劳动力的培训、转移力度和农田水利建设，努力提高土地综合生产能力和促进生态环境改善，拓展扶贫对象生存和发展空间。石漠化地区要突出以石漠化治理为重点的土地整治和生态恢复建设，着力解决缺土少水等制约脱贫发展的瓶颈。滇西边境山区要突出优势特色产业培育和劳动者素质的提升,加快"兴边富民"工程建设进程。藏区要突出生态环境的保护和贫困农民生活的改善,推进跨越式发展。在连片特困地区实施100个特困乡(镇)整乡推进建设,100个连片开发特色优势产业发展项目。各地可自行确定若干连片特困地区,统筹资源给予重点扶持。

——优先扶持群体。瞄准160.2万深度贫困群体,打好深度贫困群体扶贫攻坚战。优先解决连片特困地区深度贫困群体贫困问题,继续实施人口较少民族发展规划,巩固提升莽人、克木人、苦聪人帮扶成果,继续推进独龙族、瑶族山瑶支系综合扶贫开发,加大特困民族重点帮扶力度。把农村贫困少数民族群众、妇女儿童、有劳动能力残疾人纳入扶贫规划。

(九)主要任务

——打好基础设施改善攻坚战。到2015年,贫困地区完成660万亩中低产田地改造,建成130万件以上"五小水利"工程,推动基本农田和农田水利设施有较大改善,保障人均基本口粮田,使高稳产农田累计达到2 900万亩;累计解决1 000万农村人口饮水安全问题,基本解决农村饮水安全问题;全面解决贫困地区无电行政村用电问题、基本解决边远少数民族贫困地区深度贫困群体用电问题;贫困地区县城通二级或二级以上高等级公路,实现乡(镇)100%通沥青(水泥)路、通客运班车,行政村100%通公路、70%以上通硬化路、80%以上通客运班车;完成农村困难家庭危房改造100万户。到2020年,贫困地区高稳产农田面积累计达到3 300万亩,农田水利基础设施建设水平明显提高;农村饮水安全保障程度和自来水普及率进一步提高;全面解决无电人口用电问题;实现全部行政村通水泥(沥青)路,村庄内道路硬化率达到85%以上,实现村村通班车,全面提高农村公路服务水平和抗灾能力;消除农村危房和人畜共居住房。

——打好优势产业培育攻坚战。到2015年,在贫困地区培育10个以上农产品年销售收入超30亿元的农产品加工大县,10户年销售收入超10亿元的扶贫龙头企业,省级扶贫龙头企业达到100户。贫困地区分别新增经济林果2 000万亩、经济作物2 000万亩以上,出栏大牲畜1 000万头以上,提高特色产业发展质量和效益,力争实现1户1项增收项目。到2020年,实现县有支柱产业、乡有主导产业、村有骨干产业、户有增收项目,初步构建特色支柱产业体系。

——打好社会事业发展攻坚战。到2015年,贫困地区学前三年教育毛入园率达到40%以上,九年义务教育巩固率达到80%以上,高中阶段毛入学率达到70%以上，合理确定普通高中和中等职业学校招生比例，保持普通高中和中等职业学校招生规模大体相当，实现贫困农户户均有1人以上科技明白人，有条件的户均培训转移劳动力1人，扫除青壮年文盲；贫困地区县、乡、村三级医疗卫生服务网基本健全，县级医院的能力和水平明显提高，每个乡（镇）有1所政府举办的卫生院，每个行政村有卫生室，新型农村合作医疗参合率稳定在95%以上，门诊统筹全覆盖基本实现，逐步提高儿童重大疾病的保障水平，重大传染病和地方病得到有效控制，力争每个乡（镇）卫生院有1名全科医生；基本建立广播影视公共服务体系，20户以下已通电自然村广播、电视实现全覆盖，力争实现人口30万以上县有1家数字电影院，每个贫困行政村每月放映1场数字电影，行政村基本通宽带，自然村和交通沿线通信信号基本覆盖，农业信息服务覆盖所有的县、乡（镇）和90%以上的行政村；农村最低生活保障制度、五保供养制度和临时救助制度进一步完善，实现新型农村社会养老保险制度全覆盖；力争重点县人口自然增长率控制在7‰以内，出生婴儿性别比降至108左右，出生缺陷发生率逐步降低，婴儿死亡率和孕产妇死亡率下降，人口素质明显提高。到2020年，义务教育水平进一步提高，基本普及学前教育，普及高中阶段教育，加快发展远程继续教育和社区教育；贫困地区群众享受更加均等的公共卫生和基本医疗服务；健全农村公共文化服务体系，基本实现每个重点县有图书馆、文化馆，乡有综合文化站，村有文化活动室；健全完善广播影视公共服务体系，全面实现广播电视"户户通"，农民文化素质教育网络培训学校"村村有"，自然村基本实现通宽带，以公共文化建设促进农村廉政文化建设；农村社会保障和服务水平进一步提升；重点县低生育水平持续稳定，逐步实现人口均衡发展。

——打好生态修复攻坚战。到2015年，贫困地区森林覆盖率比2010年年底增加2个百分点。到2020年，森林覆盖率比2010年增加5个百分点，石漠化得到有效治理，生态安全屏障作用不断巩固。

三、重点突出专项扶贫

（十）整村推进。按照一次规划、分步实施、因地制宜、分类指导的要求，实施5万个贫困村的整村推进。以贫困村为单元，结合村镇建设规划，在充分尊重群众意愿的基础上，科学制定村级规划。有条件的地方要适当集中村落，对规模较小的村进行有计划的撤并。要统筹各类涉农资金和社会帮扶资源，集中投入，实现水、电、路、气、房和优美环境"六到农家"，发展特色支柱产业，增加集体经济收入，夯实群众增收基础。加强整村推进后续管理，建立健全新型社区管理和服务体系，巩固提高整村推进成果。

（十一）产业扶贫。把一家一户特色小产业的建设与区域性主导产业的发展紧密结合起来，完善产业项目支撑体系，建立产业大发展、资源大开发带动贫困群众增收致富的联动机制。加大财政专项扶贫和贴息资金投入力度，扩大到户贷款和项目贷款规模，金融信贷投入向贫困地区倾斜。积极引进和扶持扶贫龙头企业发展，强化企业与农户的利益联结机制，积极支持各种类型的农民专业合作组织发展，壮大集体经济，扩大贫困村互助资金规模，培育农村经纪人，解决贫困农户发展产业缺资金、缺技术、缺市场信息的难题，提高产业发展的组织化程度，增强农户参与市场竞争和自我发展的能力，扶持带动贫困农户打牢脱贫致富基础，实现持续稳定增收。

（十二）易地搬迁。对基本丧失生存条件、资源负载过重、发展空间狭小等就地难以可持续解决温饱的群众，在充分尊重贫困群众意愿和保障搬迁群众基本生产生活条件的前提下，就近就便，采取小规模集中和插花安置的方式，完成易地扶贫搬迁70万人，改善移民的发展环境和条件，确保搬得出、稳得住、能发展、可致富。有条件的地方，按照"移民就路、移民就市、移民就富"的原则，结合山地城镇建设，引导搬迁农户向中小城镇、工业园区移民，并通过创造就业机会，提高移民就业能力，使其在城镇安居乐业。

（十三）就业促进。按照"就业导向、技能为本"的原则，继续实施"雨露计划"，完成贫困劳动力培训200万人，其中技能培训160万。重点扶持农村贫困家庭"两后生"继续接受正规职业教育和中长期技能培训。以增强贫困农民创业就业能力为重点，创新培训方式，加大培训力度。积极支持、鼓励发展个体、微型、中小企业，带动就业，增加收入。把外输与内转有机结合起来，促进贫困劳动力就地就近转移就业，鼓励支持贫困农民返乡创业就业。开展理财培训，提高贫困农民理财意识，促进财产性增收。

（十四）以工代赈。大力实施以工代赈，有效改善贫困地区耕地（草场）质量，稳步增加有效灌溉面积；加强乡村（组）道路和人畜饮水工程建设，开展小流域治理，增强农村基础设施抵御自然灾害能力，不断夯实发展基础。

（十五）兴边富民扶贫。以解决边境地区和广大边民的特殊困难问题为重点，继续实施"兴边富民"工程，支持边境贸易发展和区域经济协作，促进边境地区加快发展，帮助边民尽快脱贫致富。继续实施兴边富民整村推进综合扶贫计划，着力夯实边境一线贫困村可持续脱贫致富基础。

（十六）老区建设。制定革命老区综合发展规划，统筹协调各类扶贫资源，对贫困地区革命老区县给予重点扶持。继续安排专项资金，重点解决革命老区最薄弱、最亟须和老区人民最期盼的问题。积极利用彩票公益金支持革命老区开发建设。因地制宜发展红色旅游。充分发挥老促会的积极作用。

（十七）扶贫试点。创新扶贫开发机制，针对特殊情况和问题，积极开展统筹城乡、以工促农、以城带乡促进扶贫开发试点，推进地方病防治与扶贫开发结合、灾后恢复重建以及其他特困区域和群体扶贫试点，扩大连片开发、科技扶贫等试点。

四、着力强化行业扶贫

（十八）完善跨部门协同扶贫工作机制。各行业部门要把推动贫困地区发展环境和条件持续改善作为本行业发展规划的重要内容，优先列入行业规划计划，做到项目优先安排、资金优先保障、措施优先落实，确保各项帮扶措施落实到位和本行业扶贫开发任务圆满完成。以扶贫规划为载体，按照"统一规划、集中使用、用途不变、各负其责、优势互补、各记其功、形成合力"的原则，建立协同扶贫工作机制，形成多部门协作、多渠道投入、多措施并举、多层次推动的合力扶贫攻坚新格局。

（十九）特色优势产业扶贫工程。按照主体功能区规划，依托贫困地区生态环境和自然资源优势，优化布局，调整结构，大力发展高原特色农业，推进山区综合开发，积极发展新兴产业，有序承接产业转移。完善农村社会化服务体系，提升农业产业化经营水平，改善生产条件，提高设施装备水平，加快现代农业建设。大力扶持建设各类批发市场和边贸市场。加大科技扶贫力度，完善贫困地区新型科技服务体系，加快科技攻关和科研成果转化，积极推广良种良法，开展科技扶贫示范村和示范户建设。围绕做大做强"云系""滇牌"名牌产品、主导产品、优势产品，培育壮大特色种植业、养殖业、加工业和旅游业，提高特色经济作物和生态牧业比重，推进中低产林改造和木本油料基地建设，加快第三产业发展，建立第一、二、三产业协同拉动贫困群众增收的产业发展机制，逐步形成优势明显、市场广阔、带动性强、具有贫困地区特色的主导产业带和产业集群。加强粮食生产基地建设，确保粮食安全。建设养殖产品标准化生产基地，提高养殖产品有效供给能力。

（二十）基础设施扶贫工程。加强贫困地区土地整治，推进中低产田改造、"兴地睦边"和高产稳产农田建设。加快水源工程建设，抓好病险水库除险加固工程和灌溉排水泵站建设，继续加大"五小水利"建设。优先在贫困地区实施大中型灌区续建配套节水改造、干支渠防渗、田间渠系配套节水改造工程及中央财政小型农田水利重点县建设。加强农村饮水安全工程建设，大力推进农村集中式供水。加大农村电网升级改造和无电地区电力建设力度，实现城乡用电同网同价，提高民生用电保障水平。加快发展农村水电，积极开展水电新农村电气化县建设和小水电代燃料生态保护工程建设。加快贫困地区公路建设，以通乡通村油路工程为重点，不断提高农村公路通达率和通畅率。

（二十一）教育文化扶贫工程。优先在贫困地区普及学前教育，建设农村寄宿制学校，实施义务教育阶段薄弱学校改造计划，推进贫困地区中小学相对集中办学，方便学生就近入学。逐步提高农村中小学家庭经济困难寄宿生生活补助标准，全面推进连片特困地区农村义务教育学生营养改善计划试点。扩大贫困地区普通高中和职业教育规模，扩大普通高中家庭困难学生补助面，免除中等职业教育学校家庭经济困难学生学费，给予生活费、交通费等特殊补贴，继续落实国家助学金政策。关心特殊教育，加大对各级各类学校残疾学生的扶助力度。开展教育对口支援，发达地区对口支援贫困地区，大中专院校定向招收贫困地区学生，加大家庭经济困难大学生资助力度。开展农村实用技术和劳动力转移培训，加大实施农村新成长劳动力免费劳动预备制培训。优先在贫困地区推进综合性社区文化中心（文化室）和村文化室建设，继续实施广播电视"村村通"、文化信息资源共享、农民文化素质教育网络培训学校"村村有""文化大篷车送戏行"、农村电影放映、农家书屋、"七彩云南全民健身"、文化惠民"春雨工程"等建设任务。普及信息服务，优先实施贫困地区村村通有线电视、电话、互联网工程，推进广电、电话、互联网"三网融合"。加快农村邮政网络建设。

（二十二）公共卫生与人口服务扶贫工程。提高贫困地区新型农村合作医疗和医疗救助保障水平。进一步健全贫困地区县级医院为龙头、乡（镇）卫生院为骨干、村级卫生室为基础的医疗卫生服务体系，改善医疗与康复服务设施条件，提高乡村医生公共服务补助标准。加大地方病和结核病、疟疾等重大疾病防控，加强艾滋病防治，做好残疾预防。加强贫困地区妇幼保健机构能力建设。继续实施万名医师支援农村卫生工程，组织城市医务人员到农村开展诊疗服务、临床教学、技术培训等多种形式的帮扶活动，逐步提高贫困地区县医院和乡（镇）卫生院的技术水平和服务能力。加强贫困地区人口和计划生育工作，进一步落实农村计划生育家庭奖励扶助制度、"少生快富"工程等特别扶助制度，充实完善"奖优免补"政策，加快建立"半边户"奖励制度和手术并发症救助制度，加大对计划生育扶贫对象的扶持力度，加强流动贫困人口计划生育服务管理。

（二十三）民生保障扶贫工程。逐步提高农村最低生活保障和五保供养水平，把深度贫困人口全部纳入最低生活保障，保障没有劳动能力和生活常年困难农村人口的基本生活，逐步提高补助标准，实现应保尽保。新增社会保障投入向农村尤其是贫困地区倾斜。健全自然灾害应急救助体系，完善受灾群众生活救助政策。加快新型农村社会养老保险制度覆盖进度，支持贫困地区加强社会保障服务体系建设。加快农村养老机构和服务设施建设，支持贫困地区建立健全养老服务体系，解决广大老年人养老问题，尤其是贫困老年人生活问题。支持贫困地区建立残疾人托养服务体系，解决智力障碍、精神病人和重度残疾人的托养问题。做好村庄规划，优化居民点布局，以新农村重点村建设、农村危旧房改造及地震安居工程、扶贫安居、游牧民定居及灾区民房恢复重建为重点，帮助贫困户解决基本住房安全问题。完善农民工就业、社会保障及户籍制度改革等政策。

（二十四）生态建设扶贫工程。加大贫困地区退耕还林、退牧还草、水土保持、天然林保护等重点生态修复工程建设力度。加强贫困地区石漠化综合治理、干热河谷生态恢复。加快贫困地区可再生能源的开发利用，因地制宜发展小水电、太阳能、风能、生物质能。加强以农村户用沼气池、畜禽养殖场大中型沼气池为重点的农村能源建设。继续实施好村容村貌整治。实施农村清洁工程，加快改水、改厨、改厕、改圈，推进农村污水处理、垃圾处理设施建设和农村美化、绿化、亮化工程，推进农村环境综合治理。加强防灾减灾预防体系建设，加大泥石流、山体滑坡、崩塌等地质灾害防治力度，重点抓好灾害易发区内的监测预警、搬迁避让、工程治理等综合防治措施。加强贫困地区生物多样性保护，合理开发利用水土资源，保护生态环境，恢复生态功能，促进贫困地区环境、经济、社会协调发展。

五、巩固完善社会扶贫

（二十五）加强定点扶贫。坚持和完善党政机关、企事业单位和群众团体定点帮扶制度，继续扩大帮扶单位范围，财务独立核算的副厅级以上单位及新增加的国有企业和国有控股企业均应承担定点扶贫任务。做到定点扶贫单位对重点县和连片特困地区涉及县全覆盖。各定点扶贫单位要积极筹措定点扶贫资金，定期选派德才兼备、具有发展潜力和培养前途的优秀中青年干部定点挂职扶贫。地方各级党政机关要根据当地实际，切实做好定点扶贫工作。结合定点帮扶工作，开展"四群"教育、"三深入"活动，为贫困群众办实事解难事。

（二十六）推进沪滇对口帮扶合作。按照"提质、提速、提效"的总体要求，科学谋划沪滇对口帮扶合作，不断创新对口帮扶合作新思路、新举措和新机制，完善对口帮扶资金投入稳步增长机制，拓展对口帮扶合作新领域，深化对口地区和部门间的对口帮扶与合作。

（二十七）发挥驻军和武警部队的作用。本着就地就近、量力而行、有所作为的原则，充分发挥部队组织严密、突击力强和人才、科技、装备等优势，进一步发动驻滇部队参与驻地定点扶贫工作，实现军地优势互补，驻滇部队师以上单位均应参加定点扶贫。

（二十八）建立企业参与扶贫机制。引导和鼓励企业参与扶贫开发，搞好村企共建、结对帮扶、项目投资发展等帮扶活动，鼓励非公企业加大扶贫投入力度，并按照有关规定落实优惠措施。

（二十九）动员社会参与扶贫。动员和鼓励社会组织及个人参与扶贫，积极倡导扶贫志愿者行动，鼓励工会、共青团、妇联、残联、工商联、科协、侨联等群团组织以及海外华人、华侨参与扶贫，充分发挥扶贫慈善组织的积极作用。

（三十）加强外资扶贫。拓宽渠道，加强扶贫领域的国际交流与合作，争取国际金融组织和外国政府贷款赠款，规范与境外非政府组织的扶贫合作。借鉴国际社会减贫理论和实践，共享减贫经验，探索内外资合作扶贫新模式，提高外资扶贫水平。

六、创新扶贫开发政策措施

（三十一）政策体系。各级各部门要用足用好国家扶持政策，完善有利于贫困地区、扶贫对象发展的扶贫战略和政策体系，健全有利于发挥专项扶贫、行业扶贫和社会扶贫综合效益的制度体系，巩固和发展"政府主导、部门协同、定点扶贫、对口帮扶、社会参与、群众主体"的大扶贫工作格局。对扶贫工作可能产生较大影响的重大政策和项目，进行贫困影响评估。继续做好连片特困地区以外重点县、贫困乡（镇）、贫困村的扶贫工作，原定重点县扶持政策保持不变。制定鼓励重点县加快经济发展、增加群众收入、减少贫困人口、争先进位的激励政策，实现重点县数量逐步减少。脱帽重点县原有支持力度不减。

（三十二）财税政策。根据扶贫标准提高、帮扶对象增多和帮扶难度加大的客观实际，大幅度地增加财政扶贫资金的投入。调整财政资金支出结构，建立各级财政扶贫资金投入稳定增长机制，按照不低于地方财政一般预算收入的增长比例增加扶贫投入，新增财政扶贫资金主要用于深度贫困群体帮扶和连片特困地区扶持。进一步加大对贫困地区的转移支付力度和民生改善投入力度，逐步降低扶贫对象在教育、医疗和社会保障等方面的负担。加大对贫困地区的贷款贴息支持力度。建立资源税向贫困地区资源产地倾斜的分配制度，资源产地地方财政资源税新增部分，主要用于当地扶贫开发。对贫困地区国家鼓励发展的国内投资项目和外商投资项目进口设备，在政策规定范围内，免征关税。国家重点扶持的公共基础设施项目投资经营所得，依法享受"三免三减半"优惠。企业符合条件的技术转让所得，不超过500万元的部分，免征企业所得税；超过500万元的部分，减半征收企业所得税。引导和鼓励国有或国有控股企业按照上年度利润总额一定比例募集扶贫资金。动员鼓励非公企业捐资扶贫。企业用于扶贫事业的捐赠，符合税法规定条件的，可按照规定在所得税税前扣除。民政接收的捐赠和烟草、金融等企业的各类社会捐赠，要重点向贫困地区、贫困人口倾斜。各州（市）应本着"属地募集、属地受益"原则，积极动员当地企业参与扶贫攻坚。

（三十三）投资政策。各级基本建设支出要重点用于贫困地区基础设施、民生改善、社会事业、结构调整、生态保护等建设项目，加大对村级公路建设、农业综合开发、土地整治、小流域与水土流失治理、农村水电建设等的支持力度。

中央在贫困地区安排的公益性建设项目，取消县级以下（含县级）以及连片特困地区州（市）级配套资金。积极引导民间资本投入，创新直接融资方式，拓宽产业发展资金来源，鼓励多元资金投入扶贫开发。积极利用国际金融组织和外国政府优惠贷款。

（三十四）金融政策。完善扶贫贴息贷款激励政策，逐步提高贴息额度，延长贴息期限。积极推进贫困地区金融产品和服务方式创新，鼓励开展小额信用贷款。继续实施残疾康复扶贫贷款项目。引导民间借贷规范发展，多方面拓宽贫困地区融资渠道。灵活运用货币政策，引导和支持贫困地区县域法人金融机构加大信贷支持力度，鼓励和支持贫困地区县域法人金融机构将新增可贷资金70%以上留在当地使用。建立健全贷款风险补偿机制，鼓励贫困地区各级政府通过资本金注入和税费减免等方式，支持融资性担保机构从事中小企业、农业龙头企业担保业务。积极发展农村保险事业，鼓励保险机构在贫困地区建立基层服务网点。完善财政农业保险保费补贴政策。针对贫困地区特色主导产业，鼓励当地发展特色农业保险。

（三十五）产业政策。落实西部大开发各项产业政策。国家大型项目、重点工程和新兴产业要优先向符合条件的贫困地区安排。优先审批和核准省级权限范围内贫困地区的产业项目。制定贫困地区承接产业转移的优惠政策措施，引导劳动密集型产业向贫困地区转移。实行差别化的产业政策。对贫困地区特色优势产业项目给予倾斜，烟草等特色优势产业优先覆盖适宜烟叶生长的贫困地区。支持贫困地区资源合理开发利用，在保护生态环境的前提下，支持贫困地区合理有序开发利用矿产、水电资源，对贫困地区矿业与水电开发结合、技术水平先进的清洁载能工业给予优惠政策。建立贫困地区资源开发带动贫困群众脱贫致富的联结机制。加强贫困地区市场建设，加快贫困地区物流、信息流体系建设。

（三十六）土地政策。按照国家耕地保护和农村土地管理规定，对涉及扶贫开发项目的建设用地给予倾斜，新增用地指标优先满足贫困地区易地扶贫搬迁项目等建设用地需求，合理安排小城镇和产业聚集区建设用地。加大土地整治力度，在项目安排上，向有条件的重点县倾斜。在贫困地区稳步开展建设用地增减挂钩试点工作。鼓励通过市场化的耕地占补平衡模式，合理有序开发利用土地资源。建立贫困地区耕地保护补偿机制，满足确保粮食安全的基本用地需要。在土地征收中，可采用农民土地参股、效益提成等补偿形式，使失地农民的利益得到长期有效保障。对土地等要素资源相对丰富的地区，结合农村土地流转制度、集体林权制度等体制改革，积极探索增加财产性收入的扶贫开发新模式，采取承包、租赁、转包、参股等方式，加大土地集约化经营力度，推进集体林权等生产要素资本化运作，实行土地等生产要素流转最低保护价制度，增加农民家庭经营性收入和财产性收入。

（三十七）生态补偿政策。认真落实国家西部大开发生态补偿政策，按照"谁开发谁保护、谁受益谁补偿"的原则，建立健全生态补偿向贫困地区倾斜的长效机制，逐步扩大补偿范围，提高补偿标准。加大对贫困地区重点生态功能区的生态补偿力度。落实草原生态保护补助奖励政策。矿冶、水电、化工、旅游等资源型企业应拿出一定比例资金，专项用于贫困地区环境综合治理、生态补偿和解决因资源开发带来的民生问题。高度重视贫困地区的生物多样性保护。

（三十八）人才政策。制定引导鼓励大中专院校、科研院所、医疗机构为贫困地区定向培养人才的政策。引导大中专毕业生到贫困地区就业创业。积极组织教育、科技、文化、卫生等行业人员和志愿者到贫困地区服务。继续选派科技扶贫团、科技特派员到重点县和片区县工作。制定鼓励政策，对长期在贫困地区工作、实绩突出的干部，给予表彰并注意提拔使用，专业技术人员在职级晋升时，同等情况优先考虑。对定点扶贫和东西扶贫协作挂职干部要关心爱护，妥善安排他们的工作、生活，充分发挥他们的作用。落实完善贫困地区机关和事业单位人员的工资待遇政策，逐步提高工资水平，落实艰苦边远地区津贴动态调整制度。发挥创业人才在扶贫开发中的作用。加大贫困地区干部和农村实用人才的培训力度。实施贫困地区干部和扶贫系统干部培训规划及人才发展规划，为全面实现新阶段扶贫开发目标提供人才支撑。强化贫困地区党政领导干部和扶贫系统管理人才培养。贫困地区领导干部和扶贫部门干部的培训要纳入各级党政干部培训规划。

七、加强领导精心组织实施

（三十九）强化扶贫开发责任。坚持"省级统筹、州（市）负总责、县抓落实"的管理体制，建立片为重点、工作到村、扶贫到户的工作机制，实行各级党政一把手负总责、部门领导是行业扶贫第一责任人的扶贫开发工作责任制。特别是片区县和重点县要加强对扶贫开发工作的领导。进一步强化各级扶贫开发领导小组综合协调职能，加大政策统筹、资源整合力度，扎实推进各项工作。完善各级领导干部定点挂钩帮扶制度，省级领导挂钩到县，州（市）级领导挂钩到乡，县级领导挂钩到村，党员干部结对帮扶到户。

（四十）加强项目资金监管。完善扶贫资金和项目管理办法，建立健全协调统一的扶贫资金管理机制。按照"谁使用、谁负责"的原则，县（市、区）党委、政府对扶贫资金管理使用、安全运行、廉政情况负全责。严格执行扶贫项目资金公告公示、回补报账、项目验收、后续管理、督促检查等制度。强化扶贫绩效考评，把考评结果作为扶贫项目资金分配的重要依据，加大以奖代补力度，做到扶贫资金投入力度与农民增收挂钩，扶贫项目安排力度与扶贫对象数量减幅挂钩。深入推进廉洁扶贫行动，全面推行扶贫项目廉政承诺、廉政评议、贫困群众廉政评议员制，扎实推进阳光扶贫工程，大力开展廉政文化"七进"扶贫活动，拓宽监督渠道，筑牢上级监督、人大政协监督、部门监督、监察审计监督、群众监督和社会舆论监督"六道"防线。各级纪检监察部门对项目的实施管理要跟踪问效，全程监督。坚决查处挤占挪用、截留和贪污扶贫资金的行为。

（四十一）加强统计监测。健全扶贫开发信息和统计监测系统，不断加强扶贫统计和贫困监测规范化、制度化建设。强化扶贫统计监测管理责任，统计调查部门要组织实施好农村贫困监测统计调查，依法依规定期发布贫困监测数据，加强数据质量监控和对统计调查的统筹协调管理。各级扶贫部门要与发展改革、财政、国家调查、统计、民委、民政、审计、农业、残联等有关部门建立扶贫统计监测协作机制，共享信息。完善扶贫统计调查及监测经费保障制度，做好扶贫对象建档立卡动态管理工作，加快扶贫统计调查数据中心建设，及时客观反映贫困状况、变化趋势和扶贫开发工作成效，为党委、政府科学决策提供依据。

（四十二）加强基层组织建设。在贫困地区扎实开展"跨越发展先锋行动"，深化拓展"云岭先锋"工程、边疆党建长廊建设，把贫困地区基层党组织建设成为推动发展、服务群众、凝聚人心、促进和谐的坚强战斗堡垒。选好配强村级领导班子，以强村富民为目标，以强基固本为保证，积极探索发展壮大集体经济、增加村级集体积累的有效途径，拓宽群众增收致富渠道。把扶贫开发与基层组织建设有机结合起来，在贫困地区全面开展组织领富、党员带富、群众致富为主要内容的"创业致富先锋行动"。鼓励和选派思想好、作风正、能力强、愿意为群众服务的优秀年轻干部、退伍军人、大学毕业生、回乡创业青年到贫困村工作，帮助建班子、带队伍、抓发展。加强农村党风廉政建设。建立以乡（镇）、村、组"三级联治"为基本框架的乡村管理新模式，维护农村社会稳定。

（四十三）加强扶贫队伍建设。进一步强化各级扶贫机构及其职能，加强队伍建设，改善工作条件，提高管理水平，增强综合协调能力。各州（市）、县（市、区）要建立强有力的扶贫工作机构，并确保在机构设置、人员配备、经费保障等方面适应新阶段扶贫开发任务的需要。各级扶贫部门要大力加强思想、作风、廉政和效能建设，提高执行能力。

（四十四）建立激励约束机制。加强对扶贫开发工作的督促检查和考核评估。各级党委、政府督查部门要把纲要的贯彻作为重要督查事项，对工作不力，不能如期完成目标任务的有关责任人进行问责。层层签订扶贫开发目标管理责任状，明确重要政策措施的部门任务责任，完善扶贫开发目标责任考核奖惩办法，对扶贫对象数量减少、农民收入增幅、财政投入力度、收入差距控制、廉洁扶贫等情况进行重点考核，把考核结果作为州（市）、县（市、区）、乡（镇）工作业绩的重要标准，作为干部选拔任用的重要依据。

（四十五）加强扶贫研究和宣传工作。切实加强扶贫理论和政策研究，对全省扶贫开发实践进行系统总结，不断提高扶贫开发决策水平。制定农村扶贫开发条例，使扶贫工作走上法制化轨道。把扶贫开发纳入基本省情教育范畴，作为各级领导干部教育培训的重要内容和学校教育的参考资料。大力宣传扶贫开发政策、成就、经验和典型事迹，营造全社会参与扶贫的良好氛围。

（四十六）本纲要由省人民政府扶贫开发工作机构负责协调并组织实施。各州（市）、县（市、区）要根据本纲要，制定具体实施办法。